JN313983

メディア学大系
7

コミュニティメディア

進藤 美希
著
▼

コロナ社

メディア学大系 編集委員会

監 修

相川 清明（東京工科大学，工学博士）
飯田 仁（東京工科大学，博士（工学））

編集委員

稲葉 竹俊（東京工科大学）
榎本 美香（東京工科大学，博士（学術））
太田 高志（東京工科大学，博士（工学））
大山 昌彦（東京工科大学）
近藤 邦雄（東京工科大学，工学博士）
榊 俊吾（東京工科大学，博士（社会情報学））
進藤 美希（東京工科大学，博士（経営管理））
寺澤 卓也（東京工科大学，博士（工学））
三上 浩司（東京工科大学，博士（政策・メディア））

（五十音順，2013年1月現在）

「メディア学大系」刊行に寄せて

　ラテン語の"メディア（中間・仲立）"という言葉は，16世紀後期の社会で使われ始め，20世紀前期には人間のコミュニケーションを助ける新聞・雑誌・ラジオ・テレビが代表する"マスメディア"を意味するようになった。また，20世紀後期の情報通信技術の著しい発展によってメディアは社会変革の原動力に不可欠な存在までに押し上げられた。著明なメディア論者マーシャル・マクルーハンは彼の著書『メディア論——人間の拡張の諸相』（栗原・河本 訳，みすず書房，1987年）のなかで，"メディアは人間の外部環境のすべてで，人間拡張の技術であり，われわれのすみからすみまで変えてしまう。人類の歴史はメディアの交替の歴史ともいえ，メディアの作用に関する知識なしには，社会と文化の変動を理解することはできない"と示唆している。

　このように未来社会におけるメディアの発展とその重要な役割は多くの学者が指摘するところであるが，大学教育の対象としての「メディア学」の体系化は進んでいない。東京工科大学は理工系の大学であるが，その特色を活かしてメディア学の一端を学部レベルで教育・研究する学部を創設することを検討し，1999年4月世に先駆けて「メディア学部」を開設した。ここでいう，メディアとは「人間の意思や感情の創出・表現・認識・知覚・理解・記憶・伝達・利用といった人間の知的コミュニケーションの基本的な機能を支援し，助長する媒体あるいは手段」と広義にとらえている。このような多様かつ進化する高度な学術対象を取り扱うためには，従来の個別学問だけで対応することは困難で，諸学問横断的なアプローチが必須と考え，学部内に専門的な科目群（コア）を設けた。その一つ目はメディアの高度な機能と未来のメディアを開拓するための工学的な領域「メディア技術コア」，二つ目は意思・感情の豊かな表現力と秘められた発想力の発掘を目指す芸術学的な領域「メディア表現コ

ア」，三つ目は新しい社会メディアシステムの開発ならびに健全で快適な社会の創造に寄与する人文社会学的な領域「メディア環境コア」である。

　「文・理・芸」融合のメディア学部は創立から13年の間，メディア学の体系化に試行錯誤の連続であったが，その経験を通して，メディア学は21世紀の学術・産業・社会・生活のあらゆる面に計り知れない大きなインパクトを与え，学問分野でも重要な位置を占めることを知った。また，メディアに関する学術的な基礎を確立する見通しもつき，歴年の願いであった「メディア学大系」の教科書シリーズを刊行することになった。この「メディア学大系」の教科書シリーズは，特にメディア技術・メディア芸術・メディア環境に興味をもつ学生には基礎的な教科書になり，メディアエキスパートを志す諸氏には本格的メディア学への橋渡しの役割を果たすと確信している。この教科書シリーズを通して「メディア学」という新しい学問の台頭を感じとっていただければ幸いである。

　2013年1月

東京工科大学
　メディア学部　初代学部長
　前学長
相磯秀夫

「メディア学大系」の使い方

　メディア学という新しい学問領域は文系・理系の範ちゅうを超えた諸学問を横断して社会活動全体にわたる。その全体像を学部学生に理解してもらうために，大きく4領域に分け，領域ごとに分冊を設け，メディア学の全貌を巻単位で説明するのが「メディア学大系」刊行の趣旨である。各領域の該当書目をつぎに示す。

領　　域	該当書目
コンテンツ創作領域	第2巻 『CGとゲームの技術』 第3巻 『コンテンツクリエーション』
インタラクティブメディア領域	第4巻 『マルチモーダルインタラクション』 第5巻 『人とコンピュータの関わり』
ソーシャルメディアサービス領域	第6巻 『教育メディア』 第7巻 『コミュニティメディア』
メディアビジネス領域	第8巻 『ICTビジネス』 第9巻 『ミュージックメディア』

(2013年2月現在)

　第1巻『メディア学入門』において，メディアの全体像，メディア学の学びの対象，そしてメディア学4領域について理解したうえで，興味がある領域について関連する分冊を使って深く学習することをお勧めする。これらの領域は，メディアのコンテンツからサービスに至るまでのつながりを縦軸に，そして情報の再現性から一過性に及ぶ特性を横軸として特徴付けられる四つの領域に相当する。このように，メディア学の対象領域は平面上に四つの領域に展開し，相互に連続的につながりを持っている。また，学習効果を上げるために，第10巻『メディアICT』を活用し，メディア学を支える基礎技術から周辺関連技術までの知識とスキルを習得することをお勧めする。各巻の構成内容および分量は，半期2単位，15週，90分授業を想定し，各章に演習問題を設置し

て自主学習の支援をするとともに，問題によっては参考文献を適切に提示し，十分な理解ができるようにしている。

　メディアに関わる話題や分野を理解するための基本としては，その話題分野の特性を反映したモデル化（展開モデル）を行い，各話題分野の展開モデルについて基本モデルに照らしてその特性，特異性を理解することである。メディア学の全体像を理解してもらうために，基本モデルと展開モデルとの対比を忘れずに各分冊の学習を進めていただきたい。

　今後は，さまざまな形でメディアが社会によりいっそう浸透していくことになる。そして，人々がより豊かな社会サービスを享受することになるであろう。モバイル情報機器の急速な進展と相まって，これからのメディアの展開を見通して，新たなサービスの創造に取り組んでいくとき，基本モデルをバックボーンとするメディアの理解は欠かせない。「メディア学大系」での学習を通して，メディアの根幹を理解してもらうことを期待する。

　本シリーズ編集の基本方針として，進展目覚ましいメディア環境の最新状況をとらえたうえで，基礎知識から社会への適用・応用までをしっかりと押さえることとした。そのため，各分冊の執筆にあたり，実践的な演習授業の経験が豊富で最新の展開を把握している第一線の執筆者を選び，執筆をお願いした。

2013年1月

飯田　仁
相川清明

まえがき

本書の目標

　いつの時代においても，人はひとりで生きることはできなかった。**コミュニティ**は人に，生存のための「場」，他の人とともに生きる「場」，コミュニケーションのための「場」を与えるものである。ゆえに，人にとってコミュニティは本質的に重要である。

　コミュニティの歴史は人類の歴史とともに長いが，その実現形や役割は時代とともに大きく変わってきた。20世紀半ばまでのコミュニティは，主として地理的に近くにいる人々とともに，食料の生産・獲得活動を行うために形成するものだった。近くの人々とコミュニティを形成していたのは，個人が自由に使えるメディアが未発達であったために，遠隔地にいる人々と連絡をとり合うことが難しかったためである。

　しかし，インターネットの登場は，この状況を大きく変えた。インターネット以前にも，狼煙（のろし），手紙，書籍，電話，ラジオ，テレビといったメディアは存在した。だが，インターネットほど，個人を一対一のみならず一対多，多対多でリアルタイムにつなぎ，多くの人が参加するコミュニティを円滑に運営可能にするメディアはなかった。インターネットは，コミュニティから場所の制約を取り払い，グローバルな広がりをコミュニティに与えた。コミュニティのメンバーをつなぐメディア，すなわち**コミュニティメディア**として，インターネットは大きな役割を果たすようになったといえる。

　コミュニティの変化にはもう一つ別の要素が影響している。人々の生産活動の変化である。現代は，農業や工業よりも，情報産業やサービス産業が産業の中心に位置する時代になった。情報産業における生産活動は，立地に縛られることがなく，インターネット上のコミュニティで行うことができる。ゆえに，

インターネットコミュニティは，多くの人とともに創造を行う場，すなわち「価値創造の場」として機能し始めた。結果として，コミュニティの重要性はますます増している。

だが，現代のインターネット上のコミュニティだけを見ていても，コミュニティの本質はわからない。本質がわからなければ，21世紀にふさわしい新しいコミュニティを構想し，つくることはできない。そこで，本書は，歴史をさかのぼり，さまざまなコミュニティとメディアについて吟味することから始める。そして最終的に，人間の創造力を最大限に発揮することができる21世紀型コミュニティの可能性について考察していく。

コミュニティとは何か

コミュニティについて考察するにあたり，最初に，**コミュニティ**という言葉の意味について確認しておこう。英語のcommunityには，地域共同体の意味があり，ラテン語のcommunisを語源としている。communisという言葉は，com「～とともに」とmunis「分担した」という二つの部分からなり，「共同の，共有の」，「義務をともに果たす」という意味がある[1]†。語源からは，コミュニティとは，生きるために必要な仕事を積極的に分担し合い，たがいに奉仕し合うような，強いコミットを求める関係性を意味する語であることがわかる。コミュニティの研究者である広井良典[2]は，コミュニティのこうした側面に着目して，コミュニティを，「構成メンバーの間に一定の連帯ないし相互扶助（支え合い）の意識が働いているような集団」であると定義している。

しかし，じつは，コミュニティという言葉を定義するのは簡単なことではない。コミュニティという語に対しては，さまざまな定義がなされており，少なくとも94種類の定義があることが確認されている[3,4]。

多くの人がコミュニティについて考察し，定義してきたが，近代において，コミュニティという概念を最初に学問的に提起したのは，社会学者R.M.マッ

---

† 肩付き数字は各章末の注釈番号を表す。

キーヴァー（Robert Morrison MacIver）[5]であるといわれている。マッキーヴァーは，コミュニティを集団としてまとめているのは，参加しているという感情，自分の果たすべき役割があるという感情，そして，コミュニティに依存する感情であると述べている[3),4),6),7]。

マッキーヴァーはまた，コミュニティに対する概念として，アソシエーションという概念をおいた。コミュニティは，マッキーヴァーによれば，人間が同じ地域にいることが大前提となっている。これに対し，アソシエーションは，ある共同の関心のためにつくられた社会生活の組織を指し，同じ地域にいるかどうかは問題にはならないとした。

だが，現在では，この定義は変化した。コミュニティが地域に根ざした活動であるということはもはやできない。メディアを通したコミュニケーションが活発になったこと，産業構造が変わり，農業よりも第二次，第三次産業で働く人が増えた結果，農村を離れて都市で働く人が増えたこと，などにより，地域に根ざした活動の重要度は減った[3),4),6),7]。いまや，人々は生まれた地域における人間関係，社会関係に縛られることなく，自分が望む人間関係，社会関係を実現するために，活動の場を自分で選び，活動することが多くなった。それゆえ，コミュニティとアソシエーションの概念は融合した。結果として，コミュニティの定義から，「地域に根ざした」という要素が取り払われたということができるだろう[8),9]。

以上のように，地域に縛られることが少なくなった結果，コミュニティの活動は大きく広がり，自由度は増した。しかし，課題がないわけではない。広井良典は，戦後の日本では，農村から都市への移動が進んだが，人々は孤立を深めていると指摘している。そして，日本社会における最大の課題は，個人と個人がつながるようなコミュニティないし関係性というものをいかにつくっていくかにあるとしている[10]。

なぜいまコミュニティなのか

つぎに，現代日本におけるコミュニティの意義について考える。日本人は，

2011年3月11日に発生した東日本大震災以降，コミュニティの重要性をより深く認識したように思われる。大震災の発生後，地域コミュニティは，人々の救援，復興に大きな役割を果たしたからである。それと同時に，インターネット上のコミュニティも大きな役割を果たした。ツイッター（Twitter）やフェイスブック（Facebook）といったネットコミュニティの情報伝達力，人々をつなぐ力が注目された。インターネット普及以前でも，人々は郵便や電話などのメディアによってコミュニケーションをしていたが，リアルタイムのコミュニケーション，特に一対多，多対多では望めなかった。しかし，インターネットを活用すれば，リアルタイムのコミュニケーションが容易に可能となり，また，情報をコミュニティに対し広く拡散することも簡単になった。時間との戦いになるような災害現場ではその効果は絶大であった。つまり，メディアが高度に発達した結果，コミュニティの力も大きくなり，現代社会において，コミュニティが改めて注目を集めるようになったということができる。

メディアとは，コミュニティメディアとは何か

注目を集めるコミュニティだが，コミュニティの形成，運用にあたってはメンバーとなる人々をつなぎ，コミュニティにおいて創造された最新の知見を世界に対して発信するメディアが重要な役割を果たす。そこでつぎに，**メディア**という言葉の意味について考えてみよう。

英語のmedia（複数）という言葉はmedium（単数）の複数形である。mediumの語源はギリシア語，ラテン語のmediusであり，神様からのメッセージを運ぶ人のことを意味した。現在ではmediaは「中間」，「媒体」，「媒介物」，「手法」，「マスコミ」といった意味で用いられる[11]。なお本書では，メディアを「発信者から受信者へメッセージを運ぶ媒体」であり，「最新の情報を世界に発信する媒体」であり，さらに本シリーズ第1巻『メディア学入門』において示されたように「送り手と受け手も含めた全体」と考えている。

また，本書では，**コミュニティメディア**を「コミュニティのメンバーをつなぐメディア」であり，「コミュニティにおいて創造された最新の知見を世界に

対して発信するメディア」であり，さらには，「コミュニティメンバーとの共同作業により，世界のさまざまな課題を解決するためのメディア」である，と定義して議論を進めていく。

本書の構成

本書では，コミュニティを，都市のコミュニティ（第Ⅰ部），関心に基づくコミュニティ（第Ⅱ部），インターネットコミュニティ（第Ⅲ部）の三つに分けて解説していく。

第Ⅰ部では，都市のコミュニティについて扱う。地域コミュニティのなかでも，都市化の進む現在，都市のコミュニティの持つ重要性が増しているからである。都市コミュニティについて深く知るため，まず，歴史をさかのぼり，地域コミュニティとしての都市がどのように発展してきたのか，古代ギリシアから眺めてみる。つぎに，市民とは何か，ソーシャルキャピタルとは何かについて見たあと，クリエイティブクラスがつくるクリエイティブシティについて吟味する。そして，地域コミュニティによる文化の形成と支援と産業クラスターについて見たあと，地域メディアを活用したコミュニケーションについて確認する。

なお，都市は，人々が集まるコミュニティとして重要であるが，もう一つ，都市には，「都市そのものがメディアである」という特性がある。

都市は，建物・本といった記憶装置，さらには人間を用いることにより，文化を世代から世代へと継承してきた。こうした意味で都市はもともと，記憶媒体，コンピュータと同じ機能を持つものであり，「メディア」であった[12]。この都市の本質，すなわち，メディアであるという性質が，インターネットとコンピュータの進歩によって，より華々しく展開しているのが現代の情報社会における都市の姿である。

同時に，現実の都市だけでなく，インターネット内の仮想の都市も出現し発展している。仮想都市の重要性はますます増し，そのなかだけですべての活動を行い，人生を過ごせる時代も近づいている。

続く第Ⅱ部では，関心に基づくコミュニティとそのメディアについて論じる。さまざまな関心に基づき，人々はコミュニティを形成し，社会的な活動を繰り広げている。そのなかから，非営利団体のコミュニティ，医療のコミュニティ，プロフェッショナルコミュニティ，企業における知識コミュニティを取り上げ，詳述する。

第Ⅲ部では，メディアとしてのインターネットと，インターネットコミュニティについて扱う。具体的にはソーシャルメディア，市民ジャーナリズム，インターネットコミュニティで行われる創作活動，オープンイノベーション，そして，インターネットとグローバル市民社会について詳しく見ていく。

しかし，これら三つのコミュニティ（都市コミュニティ，関心に基づくコミュニティ，インターネットコミュニティ）は，ばらばらに存在するのではなく，重なり合って展開している（**図**）。

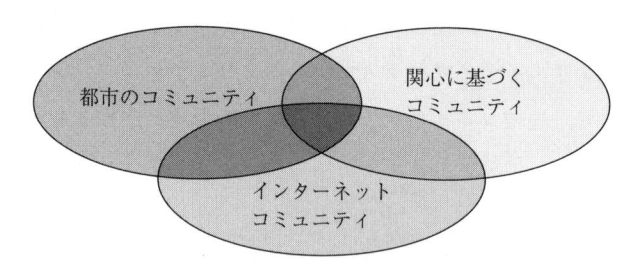

図 本書で考えるコミュニティ

例えば，都市のコミュニティのなかには国際協力やスポーツなどの共通の関心に基づくコミュニティがあり，インターネットコミュニティのなかには都市別のコミュニティがある。さらに，都市をベースにしつつ，共通の関心を基にしたインターネットコミュニティも存在する。

読者におかれては，興味のあるところから読み始めていただき，コミュニティについてご一緒に考えていただければ幸いである。

2013年3月

進藤　美希

注 釈[†]

1) Oxford Dictionaries Online「community」(http://oxforddictionaries.com/definition/community)
   ALC 語源辞書「communis」(http://home.alc.co.jp/db/owa/etm_sch?unum=4998&rnum=340&stg=2)
   NTT 出版「communis」(http://www.nttpub.co.jp/search/books/series/communis)
2) 1961 年～。日本の社会学者。千葉大学法経学部総合政策学科教授。
3) 広井良典ほか：コミュニティ，勁草書房（2010）
4) 金山智子：コミュニティ・メディア，慶應義塾大学出版会（2007）
5) 1882～1970 年。イギリス生まれの米国の社会学者。コロンビア大学教授などを歴任。
6) 日端康雄：都市計画の世界史，講談社現代新書（2008）
7) JMR 提言論文：ネットコミュニティ形成の理論（2008）(http://www.jmrlsi.co.jp/menu/report/2003/net-com_1.html)
8) 吉原直樹：コミュニティ・スタディーズ，作品社（2011）
9) 広井良典：コミュニティを問いなおす，筑摩書房（2009）
10) 広井良典ほか：コミュニティ，勁草書房（2010）
11) Online Etymology Dictionary「media」(http://www.etymonline.com/index.php?search=medium&searchmode=none)
    三省堂ワードワイズ・ウェブ「メディア」(http://dictionary.sanseido-publ.co.jp/topic/10minnw/040media.html)
12) フリードリヒ・A・キットラー著，長谷川章訳：都市はメディアである，10+1 No.13 特集＝メディア都市の地政学，INAX 出版（1998）

[†] 注釈にあるインターネット上の URL の最終確認日はいずれも 2012 年 3 月 28 日である。

目次

第Ⅰ部　都市のコミュニティ

1章　都市の発展

1.1　都市とは何か ———————————————————— 3
1.2　都市化によりコミュニティはどう変化するか ———————— 4
1.3　古代ギリシアのポリスと市民 ————————————— 5
1.4　ヨーロッパ中世の都市と市民 ————————————— 7
1.5　ルネサンス期イタリアの都市 ————————————— 9
1.6　現代の都市 ———————————————————— 12
1.7　ヨーロッパの都市政策 ———————————————— 15
1.8　情報都市，メディアとしての都市 ——————————— 17
演習問題 ——————————————————————— 19

2章　市民

2.1　市民とは何か ——————————————————— 22
2.2　日本における地域コミュニティ ———————————— 23
2.3　いまなぜ，都市，市民，コミュニティという概念が重要なのか — 25
2.4　ソーシャルキャピタルとは何か ———————————— 26
演習問題 ——————————————————————— 28

3章　クリエイティブシティ

3.1　クリエイティブシティ ———————————————— 31
3.2　クリエイティブクラス ———————————————— 34
3.3　クリエイティブクラスの求めるコミュニティ ——————— 35
演習問題 ——————————————————————— 37

4章 クリエイティブクラスによる都市文化の形成

- 4.1 都市発展の中核としての芸術 ——— 39
- 4.2 地域コミュニティによる舞台芸術の形成と支援 ——— 40
  - 4.2.1 米国における舞台芸術の創造 ——— 40
  - 4.2.2 ヨーロッパにおける舞台芸術の創造 ——— 42
  - 4.2.3 日本における舞台芸術の創造 ——— 45
- 4.3 ヨーロッパにおけるレジデントカンパニーの事例 ——— 48
- 4.4 日本におけるレジデントカンパニーの事例 ——— 51
- 4.5 レジデントカンパニーのマネジメント ——— 52
- 演習問題 ——— 56

5章 産業クラスター

- 5.1 産業クラスターとは ——— 58
- 5.2 シリコンバレー ——— 59
  - 5.2.1 ヒューレット・パッカード社 ——— 60
  - 5.2.2 シリコンバレーの時代による変遷 ——— 61
  - 5.2.3 コンピュータ，インターネットの時代へ ——— 62
  - 5.2.4 シリコンバレーの生活とコミュニティ ——— 64
- 5.3 日本の産業クラスター ——— 65
- 演習問題 ——— 67

6章 地域メディアを活用したコミュニケーション

- 6.1 マスメディアの衰退と地域に密着したメディア ——— 70
- 6.2 ケーブルテレビ ——— 70
- 6.3 コミュニティFM ——— 72
- 6.4 地域ソーシャルメディア ——— 73
- 演習問題 ——— 74

第Ⅱ部　関心に基づくコミュニティ

7章　非営利団体による社会活動
- 7.1　市民と公共 ―― 77
- 7.2　NGOとは何か ―― 78
- 7.3　現代のNGOによる活動 ―― 79
- 7.4　非暴力平和隊 ―― 82
- 7.5　NPOとは何か ―― 86
- 演習問題 ―― 90

8章　医療とコミュニティ
- 8.1　日本の医療制度 ―― 93
- 8.2　医療崩壊 ―― 94
- 8.3　医療の値段 ―― 98
- 8.4　地域医療とコミュニティ ―― 100
- 演習問題 ―― 105

9章　プロフェッショナルコミュニティが世界に与える影響
- 9.1　プロフェッショナルとは何か ―― 107
- 9.2　自分をブランド化するプロフェッショナル ―― 110
- 9.3　プロフェッショナルと職業倫理 ―― 111
- 9.4　プロフェッショナルコミュニティ ―― 113
  - 9.4.1　ヨーロッパ中世のギルド ―― 113
  - 9.4.2　現代のプロフェッショナルコミュニティ ―― 115
  - 9.4.3　なぜプロフェッショナルはコミュニティを必要とするのか ―― 116
- 演習問題 ―― 117

10章　企業における知識コミュニティ
- 10.1　企業とは何か ―― 120
- 10.2　知識社会における企業 ―― 120

目次　xv

10.3　企業内で組織的知識創造を実行するために ── 121
10.4　コミュニティ・オブ・プラクティスとネットワーキング ── 122
演 習 問 題 ── 124

第Ⅲ部　インターネットコミュニティ

11章　ソーシャルメディアの発展

11.1　フラット化する世界 ── 127
11.2　広告業界の変化 ── 128
11.3　クチコミマーケティング ── 130
演 習 問 題 ── 132

12章　インターネット上の市民ジャーナリズム

12.1　市民ジャーナリズム ── 135
12.2　市民ジャーナリズムサイトの分類 ── 135
　12.2.1　グラスルーツメディアとダン・ギルモア ── 136
　12.2.2　オーマイニュース ── 137
　12.2.3　投 稿 サ イ ト ── 138
　12.2.4　ソーシャルニュースサイト ── 140
　12.2.5　政府の機密情報などを報道することを目的にするサイト ── 140
　12.2.6　コミュニケーションを目的にしたサイト ── 141
　12.2.7　運営面で市民の力を借り，良質な記事を提供している例 ── 141
12.3　市民メディアの可能性 ── 142
演 習 問 題 ── 143

13章　インターネットコミュニティで行われる創作活動

13.1　社 会 の 変 化 ── 146
13.2　フリーソフトウェア ── 146
13.3　オープンソースソフトウェア ── 148
13.4　所有の問題について ── 149
13.5　ハッカーとコミュニティ ── 151
13.6　オープンソースとビジネス ── 153

13.7 IBM社の戦略変更 ———————————— 154
演 習 問 題 ———————————————————— 156

14章 オープンイノベーション

14.1 イノベーションとは何か ———————————— 159
14.2 イノベーションのジレンマ ———————————— 160
14.3 クローズドイノベーション ———————————— 162
14.4 オープンイノベーション ———————————— 164
14.5 日本特有の課題 ———————————————— 166
演 習 問 題 ———————————————————— 168

15章 グローバル市民社会とインターネット

15.1 グローバルコミュニティへの貢献 ———————— 170
15.2 貧困問題への取り組み ———————————— 171
15.2.1 グラミン銀行 ———————————————— 172
15.2.2 日本における貧困問題 ———————————— 174
15.3 グローバル市民社会とインターネット ———————— 174
15.4 民主化運動とインターネット ———————————— 176
演 習 問 題 ———————————————————— 177

おわりに ———————————————————————— 179

参 考 文 献 ———————————————————————— 182
索　　　　引 ———————————————————————— 187

第Ⅰ部

都市のコミュニティ

　第Ⅰ部では、メディアとしての都市について扱う。メディアとしての都市のなかではコミュニティが形成されている。都市のコミュニティについて深く知るため、まず、歴史をさかのぼり、地域コミュニティとしての都市がどのように発展してきたのか、古代ギリシアから眺めてみる。つぎに、市民とは、ソーシャルキャピタルとは何かについて見たあと、クリエイティブクラスがつくるクリエイティブシティについて吟味する。そして、地域コミュニティによる文化の形成と支援と、産業クラスターについて見たあと、地域メディアを活用したコミュニケーションについて確認する。

1章 都市の発展

◆ 本章のテーマ

　第Ⅰ部の最初の章となる本章では，古代ギリシアから現代のバーチャルシティまでの，都市の歴史と，コミュニティとしての，また，メディアとしての都市の存在意義について考察していく。都市に関しては多くの研究があり，さまざまな定義がなされている。自由で自律的な市民の共同体としての都市は古代ギリシアのポリスに見ることができる。時代が下り，中世を迎えたヨーロッパでは，市壁に囲まれた都市が自治権を獲得していた。ルネサンス期イタリアの都市においては，寛容で，自由な都市フィレンツェで文化の華が開いた。そして，現代の都市は，産業革命以降巨大化し，環境の悪化などの問題が発生した。その問題解決のためにどのような試みがなされたかを見ていく。章の最後では，インターネット時代の情報都市と仮想都市，バーチャルシティについて述べる。

◆ 本章の構成（キーワード）

1.1　都市とは何か
　　　市民の共同体，マックス・ウェーバー，ルイス・ワース
1.2　都市化によりコミュニティはどう変化するか
　　　農村社会，都市社会
1.3　古代ギリシアのポリスと市民
　　　ポリス，都市国家，市民，アテネ
1.4　ヨーロッパ中世の都市と市民
　　　コムーネ，市壁
1.5　ルネサンス期イタリアの都市
　　　ルネサンス，フィレンツェ，メディチ家，パトロネージュ
1.6　現代の都市
　　　メガシティ
1.7　ヨーロッパの都市政策
　　　環境の悪化，田園都市構想，輝く都市
1.8　情報都市，メディアとしての都市
　　　情報都市，仮想都市

◆ 本章を学ぶと以下の内容をマスターできます

☞　都市とは何か
☞　都市の発展の歴史
☞　都市において何が課題になっているのか

1.1　都市とは何か

「都市」とは何を意味する言葉だろうか。多くの人が集まっているところ，国や地域の中心地，といった言葉が浮かんでくるだろう。日本語の「都市」という言葉は，植田和弘によると，「都（みやこ）」と「市（いち）」を合成した語である。このうち，「都」は政治の中心であることを意味した。一方，「市」は経済の中心であることを意味した。つまり，日本語の「都市」は，政治と経済の中心地であることを意味する語ということができる[1]。

一方，英語で都市の意味を持つ「シティ（city）」という語は，古代ローマの都市を意味する「キヴィタス（civitas）」が語源となっている。「キヴィタス」は，自由な**市民の共同体**のことを意味する。さらに，その市民権を持つ者の集まり，都市国家のことを意味する。すなわち，英語の都市とは，まず市民権を持つ市民の共同体を意味し，そのうえで，市民の住む場所を含めた地域全体，都市国家を意味していたことがわかる[1]。語源からも，英語の「シティ」と日本語の「都市」は同じではないことに注意が必要である。

世界の都市の成り立ちはさまざまであるが，現代においては人々が都市に集中して居住し始めているため，都市への関心は高く，都市とは何かを定義しようとした研究者は多い。

マックス・ウェーバー（Max Weber）[2]は『都市の類型学』で，都市を，「防衛施設，市場，裁判所を持ち，さらに，団体として，自律性，自主性を持つ都市ゲマインデ（共同体）の団体的性格と，市民の身分的資格」としている。つまり，都市とは大集落であり，住民を守る設備や市場が存在し，市民という身分が確立していることが特徴であると述べている。一方でウェーバーは，アジアでは，自律的な共同体や都市民という概念はなく，市民という身分，資格もなかったと述べている[3]。

一方，**ルイス・ワース**（Louis Wirth）[4]は都市を「社会的に異質な個人が集まる，比較的大きな密度の高い恒常的な居住地である」と記している。また，建築評論家**ルイス・マンフォード**（(Lewis Mumford)[5]は「都市とは地域社会

の権力と文化の最大の凝集点である」といっている[1]。これに対し,社会学者の**ロバート・E・パーク**(Robert Ezra Park)[6]は,場というよりも住民に注目し,「都市とは建物の集合体ではなく,精神の一つの状態である」と定義した[7]。

以上のように,都市には多くの定義があるが,ヨーロッパ的な都市では市民権を持つ自立した市民という存在が確立していたのに対し,日本を含むアジアではそうではなく,人々の大きな集まりといったところに力点があるのには注意がいる。都市とは何かを考える際,もう一つ忘れてはならないのは,都市とはメディアそのものであるということである。都市はメディアとして,人々をつなぎ,また,情報を仲介する場,ネットワークとして機能してきた点にも注目する必要があるだろう。この点については1.8節で詳しく述べる。

以上述べた都市のさまざまな定義について表1.1に示す。

表1.1 都市のさまざまな定義〔出所:注釈1)～7) より作成〕

項　目	都市の定義
日本語の「都市」	政治と経済の中心地
英語の「city」	市民権を持つ市民の共同体
マックス・ウェーバーの定義	・防衛施設,市場,裁判所がある ・自律性,自主性を持つ ・市民の身分的資格
ルイス・ワースの定義	社会的に異質な個人が集まる,比較的大きな密度の高い恒常的な居住地
ルイス・マンフォードの定義	地域社会の権力と文化の最大の凝集点
ロバート・E・パークの定義	精神の一つの状態

1.2　都市化によりコミュニティはどう変化するか

さて,コミュニティメディアについて論じる本書の冒頭で,都市コミュニティについて扱うのは,前述したように,都市がメディアそのものであるという理由が大きいが,もう一つ,世界的に都市,都市コミュニティの重要性が増しているからという理由がある。

近代から現代にかけて,世界で都市化が進んだのは,産業の中心が,農業な

どの第一次産業から工業,商業,サービス業へと変化したからである。第一次産業が中心であった時代には,住んでいる場所がすなわち働く場所であった。つまり,家と畑は隣接しており,農村のなかで地縁,血縁をベースとした非常に強いつながりがつくられていた。ゆえに,コミュニティへの参加は強制的なものであり,生きていくためには参加しなければならなかった。

しかし,工業,商業,サービス業に就業するために,人々が向かっていった都市は,農村とはまったく異なる場であった。都市では,親族とまとまって暮らしたりはしない。隣の部屋に住んでいる人が誰であるかを知らないこともよくある。**農村社会**から**都市社会**へ変化していくなかで,人々はまったく新しいコミュニティに投げ込まれることになった。

都市化によるコミュニティの変化について研究者はどのような指摘をしているだろうか。ワースは,都市には流動的で孤独な都会人が集まり,人々の親密な関係はなくなっていくと考えた(『コミュニティ衰退論』,1938年)。これに対し社会学者ウィリアム・フート・ホワイト(William Foote Whyte)[8]は,都市でも親密な人間関係は存続すると考えた(『コミュニティ存続論』)。さらにバリー・ウェルマン(Barry Wellman)[9]は,都市でも親密な人々のネットワークが存続すると考えた(『コミュニティ解放論』)[10]。このように,研究者の見解は一様ではないようである。

1.3　古代ギリシアのポリスと市民

つぎに,都市についてさらに深く考えるため,都市の起源について歴史をさかのぼっていくことにしよう。最も古い都市の遺跡であろうといわれているのは,紀元前6000年頃に成立したチャタル・ヒュユク遺跡である。さらに,紀元前3500年頃から,ナイル川,チグリス・ユーフラテス川,インダス川,黄河の大河流域には,エジプト文明,メソポタミア文明,インダス文明,黄河文明のいわゆる四大都市文明が発展したことが知られている[1]。

しかし,古代において最も代表的な都市コミュニティということができるの

は，古代ギリシアの**ポリス**ではないだろうか。ポリスとは紀元前8世紀頃から紀元前5世紀頃までに多数成立した古代ギリシアの**都市国家**のことである。ポリスは都市を核とし，周囲に領地としての農村，田園地帯を有していた。これはギリシア人が生み出した非常にユニークなコミュニティであった[11]。

ポリスは，紀元前8世紀頃までは貴族が支配していたが，紀元前7世紀頃から，この体制に変化が訪れた。アテネに紀元前6世紀に登場したソロン (Solon)[12]は，さまざまな改革，民主化を行い，裁判制度を始めるなどした。さらに，クレイステネス（Cleisthenes）[13]が民衆の地位を向上させる法律をつくるなどした結果，紀元前5世紀には民主制が形づくられていった。アテネにはいまも多くの観光客を集めるアクロポリスのパルテノン神殿があるが，これは紀元前432年に完成しており，まさに民主制時代のポリスの生んだ遺産ということができよう。なお，ギリシアでは，アテネをはじめとしたそれぞれのポリスは，独立した国家であり，たがいに競い合う関係にあった[11]。

では，このポリスではどのような生活が営まれていたのだろうか。平均的なポリスの人口は数〜数十万人で，**市民**とその家族，市民権のない外国人などと，奴隷からなっていた。街の中心にはアゴラと呼ばれる広場があった。このアゴラが市民のための集会の場となった。アゴラは，都市というメディアの中心，ハブとしての役割を果たしていた。

ポリスが世界史に名を残したのは，しかし，アゴラという場所の存在のためではなく，都市の運営に参加する市民の存在によるものであった。都市を支え，動かすための役職には市民が交代で就任し仕事を分担するしくみがとられていた。また，特定の人へ権力が集中しすぎないように，役職の任期を短く定めたり，抽選制によって決めるなどの工夫がなされていた[11]。

代表的なポリスである**アテネ**の政治は，市民が誰でも参加可能な民会によって決定された。民会とともにおかれていた500人評議会の権能は非常に大きかったが，権限が一人の人間に集中しないように工夫がされていた。具体的には，議員の任期は1年限りで，一生のうちに選出され得るのは二度までに制限されていた。つまり，アテネの都市コミュニティにおいては，市民の間では，

きわめて平等といってよい関係がつくり上げられ，市民は自律していた。また，市民たちは気質的にも他人に使われることを嫌い，独立して仕事をすることを選んでいた。

以上のように，アテネでは市民間での差別はほとんどなくなっていった。しかし一方で，アテネ市民となることそれ自体が特権となっていた。市民，つまり都市のフルメンバーとして参政権を持つことができ，敬意を持って扱われたのは，一定の土地を所有する成年男子だけだった[14]。

ポリスには，市民になることができない人々として外国人と奴隷，そして女性がいた。外国人は人頭税を払えば保護を受け，自由に仕事や学問を行うことができたが，参政権がなかったのはもちろんのこと，不動産の所有権も認められていなかった。しかし従軍の義務はあった。こうした外国人に対する不平等な扱いが続くことで，結果的に，ポリスは開放性を失い，閉鎖的性格を濃くしていった[11]。

奴隷に関しては，アテネ最盛期の人口20万～30万人のうち，10万人程度を占めていた。なお，市民は4万人程度であった[15]。奴隷は市民の所有物として扱われたが，生活のあらゆる場面に不可欠の存在で，労働の重要な担い手であった。民主的な都市コミュニティが成立した紀元前5世紀前後のアテネは，非常に高度に奴隷制度が発達した社会でもあったのである。市民が大きな自由を手にしていた反面，多くの奴隷を活用する社会であったということは，ポリスにおける民主制が，いま私たちが考える民主制とは異なるものであったことを示している[11]。

女性に対する扱いも現代とは大きく異なり，男女平等はまったく実現していなかった。つまり，市民という言葉から私たちが想像するものとは違っていた。市民とは，ポリスにおいては，特権を持つ自国民の男性のことを意味していた[7]。

1.4　ヨーロッパ中世の都市と市民

さて，ポリスから時代が下り，中世を迎えたヨーロッパでは，都市と市民は

どのように発展していったのだろうか。古代ギリシアにおいては，特権を持つ存在を意味した市民という言葉が，ヨーロッパ中世では，自由な都市の住民の意味へ拡大されていったということができる。

とはいえ，ヨーロッパ中世の都市には，他所から住み着くことは難しかったので，都市が無制限に拡大することはなかった。ゆえに，都市は，いまの日本に住んでいる私たちがイメージするような広大なものではなく，たがいが顔見知りの小さな町とでもいうべきものであった。その意味では農村のコミュニティと都市のコミュニティの差はそれほど大きいものではなかった。しかし，都市には農村にはないものがあった。ドイツの格言に「都市の空気は自由にする」があるが，これは，農村から逃亡してきた農奴であっても，1年1日のあいだ都市に隠れ住んで逃げ切ったなら，貴族などの主人からの自由を獲得することができたことを意味する[7],[15]。とはいえ，市民権を得るためには誓約を行う必要があり，市民となれば，都市に対して大きな義務を課された。それでも，奴隷である農奴と自由な都市の市民であることの間には本質的な違いがあり，市民になることには非常に大きな意味があった[15]。

つぎに，ヨーロッパの中でもイタリアに注目し，中世イタリアの都市について見てみよう。14世紀初頭のヨーロッパ世界では，10万人を超える人口をかかえた都市は，パリ以外は，イタリアにあったからである。ヴェネツィア，フィレンツェ，ミラノ，ジェノヴァ，ナポリがそうした大都市であった。それ以外にも，イタリアでは中小の都市が多く存在し繁栄していた[16]。

イタリアの都市の多くは，長い歴史を持っている。イタリアでは，ローマ帝国が滅亡に向かう時代，すなわち，4世紀にローマ帝国の東西分裂が起こり，476年に西ローマ帝国が滅亡すると，東ゴート族が侵入し，大きな戦乱が起こった。この時代に，イタリアの多くの都市は衰退したが，消滅することなく生き残り，細々と存続し続けた。11世紀を超えると，都市では，商業の発展により，人口が急速に増大し，盛期を迎えた。繁栄を始めた都市においては，商人を中心に市民による共同体が生まれ，都市を動かして行った[16]。

これらの都市における，自治を行う市民による共同体は**コムーネ**と呼ばれ

た[17]。コムーネの自治権は、さまざまな権力者や外国勢力の圧力に耐えることで獲得された。しかし、住民のなかでも市民になることができたのは、都市に不動産と資産を所有し、税金を納めているものだけであり、都市に住むものすべてが市民権を得られたわけではない。都市は、特権的な空間となり、**市壁**が、具体的に、他の空間から都市を切り取っていた。市壁で区切られていたとはいえ、都市と農村は密接な関係で結ばれていた。都市周辺の農村はコンタードと呼ばれ、都市の支配領域となった。

さらに、12世紀に結ばれたコンスタンツの和約は、都市により大きな力を与えた。都市は主権が認められたのである。その結果、イタリアでは、多数の都市国家が繁栄を極めていった[16]。なお12世紀のコムーネでは、執政職の集団であるコンソリが、市の行政を担っていた。13世紀になると、シニョーレが全責任を負うようになったが、このような体制になっても、自治と自由に重きをおく市民が消滅することはなかった[16]。

以上述べてきたように、ヨーロッパ中世の都市は大きな発展をとげたが、なぜ、そのような発展が可能だったのか。その理由を、建築史家で都市研究者のレオナルド・ベネーヴォロ（Leonardo Benevolo）[18]は、4点挙げている。一つ目は、通りや広場などの公共空間が存在していたからである。この公共空間が都市メディアにおけるハブとなった。二つ目は、商人、貴族、農民など、多様な出自の人々が協力して都市を運営していたからである。三つ目は、市壁に囲まれていたからである。都市の範囲具体的に規定され、限定されていたために、人口が増えても、人々は親密な関係を維持できた[15]。四つ目は、変化し続けるダイナミズムを持っていたからである[1]。なお、中世に成立した都市の多くは、国民国家の成立による国家への併合や、産業革命、戦争、といったさまざまな事件をくぐり抜けて、ほとんどが今日まで存続している[1]。

1.5　ルネサンス期イタリアの都市

つぎに、中世の終わった後、**ルネサンス**期イタリアの都市がどのように発展

したのかについて見てみよう。ルネサンス期イタリアの都市において，**フィレンツェ**は大きな存在であるので，以下，フィレンツェについて詳しく見ていく。

まず，都市の規模を確認しよう。15世紀において，フィレンツェの人口は，約4万人，16世紀においては約6万人であった[16]。フィレンツェは12世紀初めに，自治都市の地位を獲得したが，フィレンツェではコムーネの短期在任制の原則に従って，シニョーリアおよび執政府のメンバーは2か月間だけ任務につき，他の人に引き継ぐという政治体制をとっていた[19]。14世紀末から15世紀初頭のフィレンツェ政府は，個人と集団，私と公の間のバランスを見事に実現していたと評価されている[19]（**図1.1**）。

図1.1　現在のフィレンツェ。ドゥホモ（大聖堂）のクーポラ（丸屋根）は，15世紀に完成した。〔出所：http://www.futta.net/photo-italy/firenze/〕

フィレンツェは14世紀後半からは，**メディチ家**のもとで大きな発展をとげていくことになる。メディチ家が全盛を誇り，フィレンツェに君臨したのは1434年から1494年にかけてであるが，非常に興味深いことに，この期間においても，共和国が独裁政治となることはなかった[19]。

メディチ家時代のフィレンツェは，ルネサンス文化の目覚ましい成果で知られている。特に，豪華王と呼ばれたロレンツォ・デ・メディチ（Lorenzo de' Medici）[20]の時代には，後世の人々から憧れと称賛を持って語りつがれる，壮麗な文化が花開いた（**図1.2**）。

ルネサンス文化のフィレンツェにおける文化の発展は，少数の分野に限られたものではなかった。驚くほど多くの文化領域，すなわち，絵画，彫刻，建築などと，多彩な学問領域にわたって展開した。芸術家たちは自らの専門を越え

て交流しあった。この自由な交流の雰囲気に寄与したのは，フィレンツェのもつ寛容さと，自由で自律的な市民の存在，そして，他の都市からの芸術家をも喜んで受け入れる自由な社会構造であった[19]。

この自由な社会構造に加えて，フィレンツェでは，古代ギリシア，古代ローマの古典への強い関心が共有されていたことも重要である。古典への憧れを核に，文学，建築，彫刻，音楽，数学，自然科学といったさまざまな分野で花が開いた[19]。例えば，プラトン哲学者のマルシリオ・フィチーノ（Marsilio Ficino）[21]はプラトン・アカデミアを主宰し，多くの知識人とともに議論にいそしんだ。フィレンツェを代表する画家であるサンドロ・ボッティチェッリ（Sandro Botticelli）[22]には「春」と「ヴィーナスの誕生」という大作があるが，この主題にはアカデミアで論じられていた古典主義，新プラトン主義の影響を見て取ることができる[16]。

図1.2 ジョルジョ・ヴァザーリによるロレンツォ・デ・メディチの肖像

芸術家に対して，都市コミュニティは，金銭的支援，社会的支援など，さまざまな支援を与えた。こうした支援は**パトロネージュ**と呼ばれる。ルネサンス期フィレンツェにおいて，芸術へのパトロネージュを行った主体，すなわち，パトロンには，都市，同職組合，君主，法王，貴族，市民などがあった。フィレンツェにおいては毛織物業が発展していたため，その同職組合がパトロンとして大きな存在となっていた。壮麗な建築物をつくり，美しい彫刻や絵画で飾りたて，いまに残る，麗しいフィレンツェの街をつくり上げる過程では，政府だけでなく，こうしたさまざまな人々が貢献した[16]。

メディチ家は銀行家で大富豪であったため，多くの資金を芸術のために用いることができた。ロレンツォの祖父にあたるコジモ・デ・メディチ（Cosimo de' Medici）[23]はサンタ・クローチェ聖堂，サン・ロレンツォ聖堂，サン・マルコ修道院などに巨額の資金を投じた。また，フィレンツェのメディチ家のマギ礼

拝堂にはベノッツォ・ゴッツォリ（Benozzo Gozzoli）[24]が描いた壁画「東方三博士の旅」があるが，この壁画にはコジモ，ピエロ，ロレンツォのメディチ家三代の顔を見ることができる。この作品にあからさまに示されているように，パトロンは，権力を誇示するために芸術に投資した。フィレンツェの輝かしい文化は都市の支配者が，そして組合などの集団や市民が，自らの権力を誇示し，都市に刻印を残そうとした結果生まれたものであった。美術品はメディチの繁栄の記録を後世まで残す記憶媒体，メディアとして機能した。しかし，この黄金期も永遠に続くことはなく，メディチ家の覇権時代が終わりを告げ，都市の活力が失われると，芸術家はパトロンを求めて各地へと散っていった[16]。

1.6　現代の都市

　ここまでは，ヨーロッパのポリス，中世都市，そして，ルネサンス都市のコミュニティとメディアについて見てきた。つぎに，現代の都市について見ていこう。現代の都市のなかには，中世やルネサンス期の都市の形態がそのまま保たれているものもあるが，大規模な工業や商業が発展した影響を受け，大きく変わったものも多い。

　産業革命発祥の地イギリスでは，首都ロンドンが巨大化の道をたどることになった。ロンドンの人口は，19世紀初頭に96万人であったが，19世紀末には400万人[1]と，短期間に4倍に増加している。

　なぜこれほどまでに人口が増えたのか。それは，大量生産を行う工業の現場では，多くの労働力を必要としたからである。多数の人間が都市に流入した結果，都市の範囲は市壁の内にはとても収まらなくなり，市壁の取り壊しが多く行われ，都市の範囲は大きく拡大した。また，鉄道が郊外に向かって引かれることによって，都市の周囲にあった地域が都市圏に含まれていくようになり，都市はますます拡大していった。農村の人々が都市へ働きに出るようになり，職住は切り離された。これらの結果，農村と都市の関係は大きく変化した[1]。

　しかし，以上のようなヨーロッパ的な都市の姿が世界中の現代都市にあては

1.6 現代の都市

まるわけではない.そこで,つぎに,ヨーロッパ,アジア,米国の現代都市について比較しながら検討していこう.

　ヨーロッパでは,産業革命後,市壁が多く取り壊されたとはいえ,中世から続く都市の伝統は根強く,現代でも人口20万人以下の中小都市が多く見られるのが特徴である.人口に占める中小都市居住者の割合を見てみると,ヨーロッパでは都市部総人口の60％を占めているのに対して,米国では45％となっており,ヨーロッパにおける中小都市の重要性がわかる.これに対し米国では人口20万人以上の大都市の居住者が多いのである.

　では,都市と都市の間の距離についてはどのような傾向がみられるのだろうか.人口1万人以上の都市間の距離は,ヨーロッパでは16 kmであるのに対し,米国では48 km,アジアでは28 kmとなっていた.米国の都市どうしは距離が遠く離れているのに対し,ヨーロッパでは都市どうしが隣接していることかわかる.都市そのものの数はどうなっているだろうか.米国では都市は約1 000にとどまっているが,ヨーロッパには3 500もの都市があり,非常に多い.つまり,ヨーロッパでは,人口の少ない中小都市が隣り合って存在していることがわかる.

　つぎにアジアについて見てみよう.アジアの発展途上国では,過大都市化と呼ばれる,急激な巨大都市化が観察されている.ヨーロッパのように,長い時間をかけて,市民の手で数多くの都市が成立するのではなく,一つの国のなかで唯一の巨大都市が成立して多数の人口を抱えるような発展のしかたは,ヨーロッパや米国では見られないものである[1].

　このような巨大都市は**メガシティ**と呼ばれるが,現代では,メガシティが周辺地域を巻き込んだ,いわゆる拡大都市圏も多数生まれている.世界の人口そのものが増加を続けた結果,こうしたメガシティおよび拡大都市圏も,従来とは比べ物にならないスケールのものとなってきた.例えば,国連の資料によると2015年において世界最大の都市圏は東京圏であり,人口は3 550万人になると予測され,2位はインドのムンバイ圏で人口2 190万人,3位はメキシコシティ圏で2 160万人になると予測されている[25].また,世界保健機関(WHO)

は「World Health Statistics 2011」において中国が世界一の人口，約13億5 300万人を有すると報告しており，上海の常住人口は約2 300万人（2011年），重慶の常住人口は約2 880万人（2011年）であると日本貿易振興機構（JETRO）が報告している．さらに，現代では，国境を越えた拡大都市圏の出現も報告されている．盛期ルネサンスの15世紀において，フィレンツェの人口は，約4万人であったことを考えると，現代のメガシティは，ヨーロッパ的な都市とはまったく異なった存在となったということができる．

さて，拡大都市圏の一つである東京圏について詳しく見てみよう．国連によれば1950年時点では世界最大の都市圏はニューヨーク圏であり，人口は1 230万人であった．これに対し東京圏は1 120万人で2位であった．しかし5年後には東京圏が1位になり，その後はずっと，世界の都市圏のなかで最大の規模を誇っている．

東京圏への一極集中は，経済の発展や文化の発展をもたらしたが，あまりに多くの人が狭いエリアに集中して居住した結果，東京では，環境の汚染や激しい通勤ラッシュ，住宅の高騰，保育園の不足，ストレスの多さ，など，さまざまな問題が起こっている．

しかし，日本では現在，少子高齢化が急速に進んでおり，東京圏の人口も2015年をピークに減少すると予測されている．今後，2030年には2000年の水準に戻り，2050年には現在の85％程度の人口になると考えられている．このような急速な巨大化，そして縮小という動きへの適切な対応は非常に困難であるが，避けて通ることはできず，日本政府の手腕が問われている[1]．

これらの課題解決に際しては，市民の，そして，市民のコミュニティの援助が必要である．しかし，東京においては，地域コミュニティは弱いといわざるを得ない．そのため，インターネットなどのメディアを使ったコミュニティへの期待がますます高まっているということができるだろう．

1.7　ヨーロッパの都市政策

　急速に拡大し，一転，縮小していく東京という都市の課題と今後について考えるために，都市に関して長い歴史を持つヨーロッパで，どのような都市政策がとられてきたかについて，つぎに振り返ってみよう。

　ヨーロッパにおいては，大規模工業化が進展した時代に，都市の様相は大きく変わった。1812年生まれのイギリスの文豪，チャールズ・ディケンズ（Charles John Huffam Dickens）[26]は，少年時代に工場での厳しい労働を経験しているが，そうした経験をもとに，『オリバー・ツイスト』，『デヴィッド・コッパーフィールド』などの作品を著した。『オリバー・ツイスト』では，孤児であるオリバーが過ごす19世紀産業革命期のロンドンがきわめて劣悪な環境であることが活写されている。

　こうした著作に描かれているように，産業革命以降，都市は，**環境の悪化**，過密な状態に悩まされるようになった。市民による自律的な共同体というあり方は大きく変わり，資本主義的な原理による競争と，貧富の格差の激しい場となっていった。ヨーロッパの各国政府はこうした都市問題を市場の失敗として認識した[10]。そして，それらを制御する公的介入の手段としての近代都市計画を立案し，実施していった。

　代表的な提案としては，イギリスのエベネザー・ハワード（Ebenezer Howard）[27]による**田園都市構想**がある。1902年に発表した田園都市構想では，農地と工場と住宅街を1か所につくり，工場によって得られた利益で，住民が自治を行うようなあり方が提案された。ハワードがこの構想を机上の空論に終わらせることなく，ロンドン北郊のレッチワースなどの数か所において，住民を募集し，都市をつくり上げていったことは特筆に値する。レッチワースなどの田園都市の成功は政府を刺激する結果となり，その後，イギリスでは，政府主導で多くの田園都市的な街が建設された。

　田園都市構想はイギリスだけではなく，ヨーロッパや，米国，そして日本にも影響を与えた。明治の実業家，渋沢栄一は東京でも田園都市をつくろうと考

えて実現に向けて動き出した。しかし，日本においてはハワードの提案したような市民による自治は難しかった。結果的に，渋沢栄一は，都心への通勤者のための郊外の住宅地として，田園調布という街をつくることになる[28]。

ハワードによる田園都市構想に対し，都市自身の高密度化と理想的な住環境を追求した提案が，建築家の巨匠ル・コルビジェ（Le Corbusier）[29]による**輝く都市**の構想だった。ル・コルビジェは，大規模工業化時代にふさわしい都市を求めて，1922年に「300万人の現代都市」の計画，1925年にパリを高層ビルで建て替える「ヴォアザン計画」，そして1930年に「輝く都市」の構想を発表した。「輝く都市」は多数の高層ビル，オープンスペース，公園からなる。そして，自動車中心の交通体系で結びつけられている。ここでは，土地，空間の合理的な利用ができるとともに，太陽は都市のあらゆるところに降りそそいで，人々は高層住宅においても，健康的な生活を送ることができる。「輝く都市」はル・コルビジェの都市計画の研究の成果を普遍的な都市モデルへと昇華させたもので，1933年の近代建築国際会議で採択されたアテネ憲章に多大な影響を与えた。

アテネ憲章において都市は太陽・緑・空間を持つ必要があるとされていた。また，都市には，住居，労働，余暇，交通といった機能が必要であること，そして，それらの機能は，分離してつくることが望ましいと述べている。このアテネ憲章は世界の都市計画に多大な影響を与えた。しかし，こうした機能が分離された都市のありように対する疑問ものちに大きくなっていった[30]。

欧州委員会環境総局は，1990年に「都市環境緑書」を発表したが，ここでは，アテネ憲章で提案された，住居・工業・商業区域や緑地など，機能によって土地を区分する手法こそが，都市における多くの問題を引き起こした元凶であると批判している。

これを受け，欧州委員会と都市環境専門家は，1996年にかけて，サステイナブルシティの検討と提案を行なった。サステイナブルシティの政策目標は，環境の保護を達成し，市民の生活の質の持続的な発展をもたらす都市のマネジメントの実現である。こののち，持続可能な都市デザインとして，生活に必要

な諸機能をコンパクトにまとめた**コンパクトシティ**の提案が行われていくことになる[31]。

ここまで，ヨーロッパの都市政策について見てきたが，現代の都市政策について国際比較をすると，政府と市民と市場の分担において，大きな違いがあることがわかる。ヨーロッパの場合，市民のコミュニティと自治がまずあって，そのうえで政府が成立したので，そうした前提のもとで都市政策が立案されている。土地の所有に関しても公有地の割合が比較的大きい。

一方，米国は市場中心のシステムで，公有地の割合も小さい。これに対し，日本は，後発の産業国家であったことから，開発主義的な政策が強く，政府主導ながらも，市場中心のシステムとなっている[3]。

1.8　情報都市，メディアとしての都市

ここまで，都市のあり方について考察してきたが，最後に，**情報都市**について考えていこう。現代社会は，インターネットをはじめとしたネットワークによってさまざまな情報が行きかう情報社会である。都市においてもさまざまなネットワークが都市を支配している[32]。こうした情報社会における新たな都市のあり方を，「情報都市」と呼ぶ。情報都市は，情報社会を，空間的に表現したものであるともいえる[1]。

都市はこれまで，建物，本といった記憶装置そして人間を用いて総合的な文化を世代から世代へと継承してきた。こうした意味で都市はもともと，記憶媒体，コンピュータと同じ機能を持つものであり，「メディア」であった[32]。この都市の本質，すなわち，メディアであるという性質が，インターネットとコンピューティングの進展によって，より華々しく展開しているのが現代の情報都市であるということもできる。

同時に，現実の都市だけでなく，**仮想都市**も出現し，発展している。インターネット上の仮想都市の一つであるセカンドライフ（Second Life）[33]は，2007年頃，全世界からの注目を集めた。三次元仮想空間を用い，リアリティ

のあるサービスを提供し，また，アバターと呼ばれる分身を介することにより，コミュニケーションをとることを目指していた。しかし，セカンドライフは結局のところ普及しなかった。だが，その後も，形を変えて仮想都市，仮想のコミュニケーション空間を提供するサイトは増え続けている。

例えば，インターネットやモバイルネットワークを介して複数の人が参加することのできるオンラインゲームでは，仮想のコミュニティ空間が形成され，多くの人が世界中から参加している。2007年の世界のオンラインゲーム人口は2億1700万人を超えている[34]。また，ソーシャルネットワーキングサイト（SNS）の一つであるフェイスブック（Facebook）[35]の利用者は2012年についに10億人を超える巨大な存在になっている[36]。仮想都市の重要性はますます増し，そのなかだけですべての活動を行い，人生を過ごせる時代も近づいている。

以上述べてきたメディアとしての都市の概念図について図1.3に示す。

図1.3　メディアとしての都市〔出所：注釈32）〜36）より作成〕

▼本章のまとめ▼

　本章では，古代ギリシアから現代の仮想都市までの，都市の歴史と存在意義について考察した。都市に関しては多くの研究があり，さまざまな定義がなされていた。歴史をさかのぼると，最古の都市遺跡は，紀元前6000年頃に見られた。しかし，今日的な都市，すなわち，自由で自律的な市民の共同体としての都市はギリシアのポリスに見ることができた。特にアテネでは，市民の自由と平等が，ほぼ完全に近い形で実現されていた。時代が下り，中世を迎えたヨーロッパで

は，市壁にかこまれた都市が自治権を獲得していた。ルネサンス期イタリアの都市においては，寛容で，自由な都市フィレンツェで文化の華が開いた。そして，現代の都市は，大規模な工業化がその形をつくっていった。産業革命以降，都市は巨大化し，環境の悪化などの問題が発生したため，その解決のための都市計画，構想として，田園都市構想，輝く都市などが提出されていた。さらに，章の最後では，インターネット時代の情報都市と仮想都市について述べた。

演 習 問 題

〔1.1〕 都市について説明しなさい。
〔1.2〕 都市の発展の歴史についてまとめなさい。
〔1.3〕 都市において何が課題になっているのか論点を明らかにしなさい。

注 釈

1) 植田和弘他：都市とは何か，岩波書店（2005）
2) 1864〜1920年。ドイツの社会学者・経済学者。主著に『プロテスタンティズムの倫理と資本主義の精神』など。
3) 広井良典：コミュニティを問いなおす，筑摩書房（2009）
4) 1897〜1952年。米国のシカゴ学派都市社会学者。
5) 1895〜1990年。米国の建築評論家。ニューヨーカー誌の建築批評論担当などを経て，マサチューセッツ工科大学の客員教授などを歴任。
6) 1864〜1944年。米国のシカゴ派都市社会学者。シカゴ大学教授。
7) 岩永真治：グローバリゼーション，市民権，都市，春風社（2008）
   森岡清志：都市の人間関係，放送大学教育振興会（2004）
8) 1914〜2000年。米国の社会学者。コーネル大学教授。主著に『ストリート・コーナー・ソサエティ』など。
9) 1942年〜。米国生まれの社会学者，コミュニティおよびネットワーク論研究者。トロント大学教授。
10) 森岡清志：都市の人間関係，放送大学教育振興会（2004）
11) 伊藤貞夫：古代ギリシアの歴史，講談社（2004）
12) 紀元前6世紀頃の古代アテネの政治家。紀元前594年，ソロンの改革を行った。
13) 紀元前6世紀頃の古代アテネの政治家。
14) Wikipedia「古代ギリシア」（http://ja.wikipedia.org/wiki/古代ギリシア）
15) 佐伯啓思：市民とは誰か，PHP研究所（1997）
16) 斎藤寛海ほか：イタリア都市社会史入門，昭和堂（2008）
17) goo辞書「コムーネ」（http://dictionary.goo.ne.jp/leaf/jn2/246133/m0u/）
18) 1923年〜。イタリアの建築史家。
19) ジーン・A・ブラッカー著，森田義之ほか訳：ルネサンス都市フィレンツェ，岩波書店（2011）
20) 1449〜1492年。フィレンツェのルネサンス期におけるメディチ家の当主。ロレン

ツォ・イル・マニフィコ，豪華王と呼ばれた．
21) 1433 〜 1499 年．フィレンツェのルネサンス期における人文学者．プラトン・アカデミーの中心人物．
22) 1445 〜 1510 年．フィレンツェのルネサンス期における画家．
23) 1389 〜 1464 年．フィレンツェの銀行家．メディチ家のフィレンツェ支配を確立．
24) 1421 年頃〜 1497 年．フィレンツェのルネサンス期における画家．
25) 日立総合計画研究所「Megacity（メガシティ）」(http://www.hitachi-hri.com/research/keyword/k22.html)
26) 1812 〜 1870 年．イギリスの小説家．『オリバー・ツイスト』，『クリスマス・キャロル』，『デイヴィッド・コパフィールド』，『二都物語』，『大いなる遺産』などの作品で知られる．
27) 1850 〜 1928．田園都市構想は近代都市計画に多くの影響を与えた．
28) Wikipedia「エベネザー・ハワード」(http://ja.wikipedia.org/wiki/エベネザー・ハワード)
猪瀬直樹：田園都市づくりの理想，散る（2008）(http://www.nikkeibp.co.jp/style/biz/inose/080611_44th/index2.html)
29) 1887 〜 1965 年．スイス生まれ，フランスでおもに活躍した建築家．代表作にサヴォア邸，ロンシャン礼拝堂など．
30) 染谷正弘：人口爆発と『輝く都市』(2006)(http://www.asahi.com/housing/column/TKY200609080184.html)
Wikipedia「輝く都市」(http://ja.wikipedia.org/wiki/輝く都市)
広井良典ほか：コミュニティ，勁草書房（2010）
岡野孝則：ル・コルビュジエの都市と自然の思想に関する一考察—"La Ville radieuse"を通して—(2010)(http://www.taji-lab.archi.kyoto-u.ac.jp/studies/m2/2010/okano.pdf)
現代美術用語辞典「アテネ憲章」(http://www.artscape.ne.jp/artwords_beta/%E3%82%A2%E3%83%86%E3%83%8D%E6%86%B2%E7%AB%A0-3)
31) 岡部明子：持続可能な都市社会の本質(http://mitizane.ll.chiba-u.jp/metadb/up/ReCPAcoe/okabe24.pdf)
植田和弘：持続可能な地域社会（2008）(http://www.arc.or.jp/ARC/200808/ARC0808gatu/0808ronnsetu.pdf)
都市環境専門家グループ：欧州サステイナブル都市最終報告書（概要版）(http://web.kyoto-inet.or.jp/org/gakugei/mokuroku/book/5196sust/hokoku.htm)
植田和弘ほか：都市とは何か，岩波書店（2005）
32) フリードリヒ・A・キットラー著，長谷川章訳：都市はメディアである，10+1，No.13 特集＝メディア都市の地政学，INAX 出版（1998）
33) セカンドライフ(http://secondlife.com/?lang=ja-JP)
34) ITmedia「世界オンラインゲーム人口，2007 年 5 月は 2 億 1700 万人に」(http://www.itmedia.co.jp/news/articles/0707/11/news026.html)
35) フェイスブック(http://www.facebook.com/)
36) 日本経済新聞「フェイスブック，利用者 10 億人に　開始から 8 年半で」2012 年 10 月 5 日（http://www.nikkei.com/article/DGXNZO46922110V01C12A0FF1000/）

2章 市民

◆ 本章のテーマ

　1章では都市の歴史と意義，課題について述べた。本章では，都市というコミュニティを担う市民とは何かについて考える。ヨーロッパの都市においては，市民が都市の自治を行う自律的な存在として確立しているが，日本人は自律的な市民の共同体をつくった経験に乏しく，代表的な地域コミュニティの町内会も行政の末端組織でしかなかった。しかし，現代におけるさまざまな課題のなかには，市民とそのコミュニティにしか解決できないものも多く，その重要性は増している。また，最近注目を集めているソーシャルキャピタルについても考察する。

◆ 本章の構成（キーワード）

2.1　市民とは何か
　　　市民，公共，日本における市民
2.2　日本における地域コミュニティ
　　　町内会
2.3　いまなぜ，都市，市民，コミュニティという概念が重要なのか
　　　ソーシャルキャピタル
2.4　ソーシャルキャピタルとは何か
　　　資源

◆ 本章を学ぶと以下の内容をマスターできます

☞ 市民とは何か
☞ 日本における市民とヨーロッパにおける市民の違い
☞ 都市，市民，コミュニティの概念と重要性
☞ ソーシャルキャピタルとは何か

2.1 市民とは何か

市民とは何だろうか。図2.1 に示すようにさまざまな定義がある。

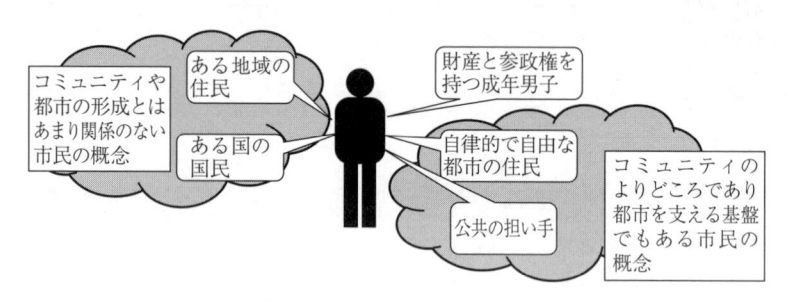

図2.1 市民とは何か〔出所：注釈1）〜 4）より作成〕

図中ラベル：
- コミュニティや都市の形成とはあまり関係のない市民の概念
- ある地域の住民
- ある国の国民
- 財産と参政権を持つ成年男子
- 自律的で自由な都市の住民
- 公共の担い手
- コミュニティのよりどころであり都市を支える基盤でもある市民の概念

日本では，市民とは，ある地域の住民であることを意味する場合が多い。また，人はまず何より，日本という国の国民であって，つぎに，ある地域に属する市民であるという意識がある[1]。

これに対して，ヨーロッパにおける市民は，国民よりも先にある概念である。アリストテレス（Aristotélēs）[2] が「国家とは，善き生活を目的とする市民の共同体」といっているように，市民あっての国なのである。ヨーロッパにおける市民は，ある地域の住民という意味でもない。ヨーロッパにおける市民とは自律的で自由な都市の住民のことであり，特権を持った者のことである[3]。

ヨーロッパの古い都市においては，市民が都市の**自治**を行ってきたが，この自治権は自明のものではなく，苦労の末，住民が勝ち取った特権といえるものであった。そのため，ヨーロッパでは市民の政治的意識は高く，民主主義をリードしてきた[3]。

なお，近代以前のヨーロッパでは，市民は財産と参政権を持つ成年男子に限られていたが，近代以降，ヨーロッパでは女性や財産を持たない人にも市民権が与えられるようになった[3]。

その後，資本主義経済のグローバルな発展，そして国民国家，政府が確たる存在になっていくと，市民はこれらに対抗する第三の柱，すなわち市場や企

業,そして政府が解決し得ない問題を解決する,**公共**の担い手としての意義を強く持つようになる[1]。

以上,ヨーロッパにおける市民について述べてきたが,それでは,**日本における市民**はどのような存在だったのか。歴史的に見ると,日本では市民が自律的にコミュニティや都市をつくったという事例は,ヨーロッパのようには多くはない。地域に根差したコミュニティに関しても,明治以降,何度も地方自治体や都市が再編されてきたため,存続することが困難だった。

さらに明治以降,日本では中央政府を中心とした政治が続き,第二次世界大戦後,民主主義が導入されたあとでも,市民ではなく,中央政府,中央官庁,企業が社会を主導する体制がとられた。そのため,日本では真に自律的な個人,市民が育つことが困難な状態が長く続いた[3],[4]。

2.2 日本における地域コミュニティ

つぎに,日本の市民がどんな地域コミュニティをつくってきたかを確認しよう。日本における代表的な地域コミュニティとしては**町内会**が挙げられるだろう。町内会は,同じ土地に住んでいる人々が結ぶ縁,すなわち,地縁に基づくコミュニティである[5]。

町内会の起源については,遠く飛鳥時代にまで起源を求める説や,江戸時代の五人組に起源を求める説などがある。東京においては,町内会が成立したのは明治30年代のことであった。明治33年,東京府令により各町につくられた衛生組合が町内会の起源である。町内会は行政の末端組織として設置された。さらに,戦争を目前にした昭和15年の内務省訓令により町内会は公的制度となった。

そして,第二次世界大戦後,連合国軍総司令部は,町内会を日本の民主化の障害になるものと考え,廃止した。この時点で公的な制度としての町内会は解散したが,地縁を結ぶ組織として町内会は存続し,結局は行政の末端組織として機能している[5]。

現在，日本の町内会は清掃や災害時対応など地域社会の問題に対応していく役目を負っているが，個人ではなく世帯で加入することや，選ぶ余地なく必ず加入しなければならないなどのルールに縛られている。個人を軽視し，自律性には乏しいといわざるを得ず，自律的な市民のコミュニティとはいいにくい[6]。

町内会について，キリスト教会の若き牧師であった塩谷直也[7]は，エッセイで以下のようなエピソードを紹介している。塩谷牧師は，ごみ捨て場を町内会の人達と一緒に掃除していたとき，町内会費の使用内容に納得がいかず，町内会から脱会したいと申し出たところ，町内会の人達に取り囲まれ，以下のようなことをいわれる羽目になった。

「町内会から脱会できるはずがないでしょ？」
「いや，できます。町内会は自発的な組織で，入会，脱会は自由です。市役所で確認してきました」(中略)
「そんなことしたら，村八分よねえ…」(中略)
「おつきあいよ，おつきあい。あなたは若いからわからないのよ」[8]

このような状況は見られたものの，現代日本における町内会は，農村におけるコミュニティほどの参加強制力や義務はなく，都市の人々は，地域社会に対し，それほど強く関与することはなくなった。なぜなら，サラリーマンであれば，農家のように住んでいる場所で仕事をすることはなく，都心部にある会社に通勤して仕事をするため，昼間はほとんど住む地域にはいないことがその大きな要因であった。

以上のことから，日本においては地域コミュニティが真に意味のある存在とはなり得ず，人々は会社や学校，そして趣味の団体といった関心に基づくコミュニティへの関与を深めていった。

2.3 いまなぜ，都市，市民，コミュニティという概念が重要なのか

　ここまで，日本においては，市民や地域コミュニティが未発達であるという状況を見てきた。しかし，これはこのまま，未発達なまま放置してよいものなのだろうか。これまで日本では人々の政治への参加度は非常に低く，市民は未成熟であるため，公共の利益について市民が主体となって推し進めることはなく，行政まかせであった[3]。しかし，日本でもバブル崩壊後，20年にわたり不況が続いたり，東日本大震災における大きな被害に直面したりした結果，行政や政治家，そして企業だけでは課題が解決できないことが明らかになってきた。現在，日本人が直面している課題の解決には，市民の力，公共の力が必要とされている。つまり，日本の将来は，個として自律し，公共の利益を重んじ，弱者を助け合う都市の市民のコミュニティが活発に活動できるかにかかっている。だからこそいま，都市，市民，コミュニティについて考えることが喫緊の課題になっているのである[4]。

　これは日本だけで起こっている現象ではない。世界のさまざまな地域で，政府や企業では解決できない課題が多発し，市民の力が，そしてコミュニティの力が求められている。

　このように注目度を増す市民，コミュニティという概念に関連した重要な概念として，つぎに**ソーシャルキャピタル**について述べる。ソーシャルキャピタルとは，日本語では社会関係資本と訳されていることが多い。ソーシャルキャピタルは，人々の協調行動を活発にすることによって，社会の効率性を高めることのできる，「信頼」，「規範」，「ネットワーク」であって，物的資本や人的資本などと並ぶ新しい概念である[9]。

　内閣府経済社会総合研究所の調査によれば，このソーシャルキャピタルにつながる個人の信頼・ネットワーク・社会活動の形成が生活上の安心感を醸成し，自分の住むコミュニティへの高い評価が，生活上の安心感を高めるということが明らかになっている[10]。

2.4 ソーシャルキャピタルとは何か

つぎに，ソーシャルキャピタルについてより詳しく見ていこう。

ソーシャルキャピタルという表現は，小説家ヘンリー・ジェイムズ（Henry James）[11]が1904年に発表した小説のなかにおいて初めて用いられたといわれている。ソーシャルキャピタルに関する定義は多々あるが，政治社会学者ロバート・D・パットナム（Robert David Putnam）[12]は，ソーシャルキャピタルを，協調的行動を容易にすることにより，社会の効率を改善しうる信頼・規範・ネットワークなどの社会的なしくみの特徴とした。フランスの文化社会学者，ピエール・ブルデュー（Pierre Bourdieu）[13]は，ソーシャルキャピタルは，あるグループのメンバーであることから生まれるネットワーク関係の所有のことであるとしている[14]。

さらに，ソーシャルキャピタルの研究者，ナン・リン（Nan Lin）[15]は，ソーシャルキャピタルを，何らかの目的を達成するために用いられる，「社会構造に埋め込まれた**資源**」と定義している。リンは，ソーシャルキャピタルについて考えるにあたって重要なのは，人がこの資源に対して，どうしたらアクセスが可能になるかということ，そして，アクセスした結果，どのように利益を生んだかを検討することであると述べている[16]。

さらにリンは，ソーシャルキャピタルは，会社などへ就職できるかどうかや組織のなかで昇進できるかといった，人生における重要な局面で，大きな影響を与えることを説明している。人がどんな人と知り合いであるかということそのものが，個人の信用証明とみなされるからである。まさに，何を知っているかよりも，誰を知っているかが，社会生活を送るうえでは重要である[16]。

しかし，ソーシャルキャピタルは現代では衰退しているという議論がある。パットナムは，『孤独なボウリング』[17]において，ソーシャルキャピタルの衰退について検証するため，ソーシャルキャピタルは，市民が集会などにどの程度参加するかによって計測することができるという仮説を立て，組合，ボウリングのクラブ，子供の学校の集会などへの参加率によってソーシャルキャピタ

2.4 ソーシャルキャピタルとは何か

ルを測った[16]。

この本においてパットナムは，1980〜1993年にかけてボウリング愛好会の数は40％減少したのに対し，ボウリング人口自体は10％増加したと述べている。つまり，人々はボウリング自体への関心は失わず，むしろ競技人口は増えているのにもかかわらず，他の人々とともに愛好会に入って一緒にプレイすることはせず，一人で，または少数の友人知人とともにプレイすることを選んでいた。これは人々の協調行動，すなわち，ソーシャルキャピタルの衰退を示すものであると考えられる。

さらに，米国では人々の市民運動への参加は減っており，さまざまなコミュニティへの参加は減っていることが観察されている。人々は自分で何かを行うよりも，傍観者として，モニタ越しにテレビで他人が行うスポーツなどを眺めているほうを選ぶようになったとパットナムは述べている[18]。パットナムは以上のことから，ソーシャルキャピタルは衰退していると考えた[16],[17]。

つまり，メディアの発展がソーシャルキャピタルの衰退を招いたというのである。パットナムは，人々は自由な余暇の時間があったとしても，コミュニティの参加には使わず，テレビをはじめとしたメディアに接することに使う人が増えたと考えた。また，現代の若い世代は，コミュニティへの関心が薄く，メディアへの関与が高いということを指摘している[17]。

だが，パットナムの研究は，研究手法や提示した結論について専門家から多くの批判を浴びていることも事実である。本当にソーシャルキャピタルが衰退しているのかについては異論が多く提出されている。ボウリング愛好会のような古いタイプの組織への参加は減少しているが，例えば，エコロジーへの関心の高まりを背景に，環境関係の市民団体の会員は増えているという報告もある。ボランティア参加は減っているが，友人や家族と家で過ごす時間は減っていないとの調査結果もある。これらのことから，都市社会学者のリチャード・フロリダ（Richard L. Florida）[19]は，人々は古いタイプではなく，新しい自分自身でいられるようなコミュニティを求めているのだと述べている[20]。

さまざまな問題はあるものの，パットナムの以下の提案にはうなずく人も多

いだろう。「われわれは輝く画面の前に受身で，独りぼっちに座って過ごす余暇時間を減らし，同胞たる市民と積極的につながる時間の増加が保証される方法を見出そう。市民参加を拒むのではなく，それを強化するような新しい形態の電子的エンタテインメントとコミュニケーションを育てよう」[17]。

▼本章のまとめ▼

本章では，コミュニティとして，またメディアとしての都市を担う市民とは何かについてまず考えた。日本では，市民とは，ある地域の住民であることを意味する場合が多いが，ヨーロッパの都市においては，市民が都市の自治を行う自律的な存在として確立していた。歴史的に見ると，日本人は自律的な市民の共同体をつくった経験に乏しく，代表的な地域コミュニティの町内会も行政の末端組織でしかなかった。しかし，現代におけるさまざまな課題のなかには，市民とそのコミュニティにしか解決できないものも多く，その重要性は増していた。また，最近注目を集めているソーシャルキャピタルについても考察した。ソーシャルキャピタルとは，社会関係資本と訳されることが多い。社会構造に埋め込まれた資源のこと，ということもできる。このソーシャルキャピタルは，衰退したという議論もあり，実態についてのさらなる研究が待たれていることがわかった。

演習問題

〔2.1〕 市民とは何かをまとめなさい。
〔2.2〕 日本における市民とヨーロッパにおける市民の違いについて述べなさい。
〔2.3〕 いまなぜ，都市，市民，コミュニティという概念が重要なのか答えなさい。
〔2.4〕 ソーシャルキャピタルとは何かについてまとめなさい。

注 釈

1) 植田和弘ほか：都市とは何か，岩波書店（2005）
2) 紀元前384～紀元前322年。古代ギリシアの哲学者。著書に『形而上学』，『政治学』など。
3) 佐伯啓思：市民とは誰か，PHP研究所（1997）
4) 神野直彦，澤井安勇：ソーシャル・ガバナンス 新しい分権・市民社会の構図，東洋経済新報社（2004）
　 宮島 喬：ヨーロッパ市民の誕生—開かれたシティズンシップへ，岩波書店（2004）
5) 吉原直樹：コミュニティ・スタディーズ，作品社（2011）

6) 倉沢　進：コミュニティ論，放送大学教育振興会（2002）
7) 1963年～。日本の神学者，青山学院大学法学部准教授。
8) 塩谷直也：忘れ物のぬくもり，女子パウロ会（2007）
9) 厚生労働省「ソーシャル・キャピタル」(http://www.mhlw.go.jp/stf/shingi/2r98520000011w0l-att/2r98520000011w95.pdf)
10) 内閣府経済社会総合研究所：コミュニティ機能再生とソーシャル・キャピタルに関する研究調査報告書（2005）(http://www.esri.go.jp/jp/archive/hou/hou020/hou015.html)
11) 1843～1916年。米国で生まれイギリスで活躍した小説家。『デイジー・ミラー』，『ねじの回転』などの作品で知られる。
12) 1940年～。米国の政治社会学者。ハーバード大学教授。
13) 1930～2002年。フランスの社会学者。コレージュ・ド・フランス名誉教授。著書に『ディスタンクシオン』など。
14) 稲葉陽二：ソーシャル・キャピタル入門，中公新書（2011）
15) 1938年～。米国の社会学者。デューク大学教授。
16) ナン・リン著，筒井淳也ほか訳：ソーシャル・キャピタル，ミネルヴァ書房（2008）
17) ロバート・D・パットナム著，柴内康文訳：孤独なボウリング，柏書房（2006）
18) リチャード・フロリダ著，井口典夫訳：クリエイティブ資本論，ダイヤモンド社（2008）
19) 1957年～。米国生まれの都市社会学者。トロント大学教授。クリエイティブシティ，クリエイティブクラスの研究で知られる。
20) リチャード・フロリダ著，井口典夫訳：クリエイティブ資本論，ダイヤモンド社（2008）

3章 クリエイティブシティ

◆ 本章のテーマ

　前章まで，都市の歴史と意義，そして，市民のあり方と，ソーシャルキャピタルについて見てきた。続く本章では，クリエイティブシティとクリエイティブクラスについて考えていく。

　クリエイティブシティとは，先端的な芸術，革新的な産業の存在する，創造の場に富んだ都市のことである。クリエイティブシティは現代社会における中心的なコミュニティメディアである。

　一方，クリエイティブクラスは，意義のある新しいものをつくり出す仕事に従事している人々のことである。このクリエイティブクラスの活動によって，都市は大きく変化していることがわかっている。また，クリエイティブクラスにとって望ましい関係は，ゆるやかな結びつきであり，弱い紐帯にある多くの人々とグローバルにつながることであることについても述べる。

◆ 本章の構成（キーワード）

　3.1　クリエイティブシティ
　　　　クリエイティブシティ，クリエイティブクラス
　3.2　クリエイティブクラス
　　　　スーパークリエイティブコア，クリエイティブプロフェッショナル
　3.3　クリエイティブクラスの求めるコミュニティ
　　　　弱い紐帯の強さ

◆ 本章を学ぶと以下の内容をマスターできます

- ☞　クリエイティブシティとは何か
- ☞　クリエイティブクラスとは誰か
- ☞　弱い紐帯の強さとは何か

3.1 クリエイティブシティ

クリエイティブシティとは，都市社会学者の**リチャード・フロリダ**（Richard L. Florida）[1]が提唱した，イノベーションの拠点となる先進的な都市のことであり，強いソーシャルキャピタルを備えた都市のことである．具体的には，先端的な芸術，革新的な産業の存在する，創造の場に富んだ都市のことをいう．ここには，金融・情報などの専門職，弁護士，デザイナー，建築士など，創造力を必要とする職業に就く人々，すなわち，**クリエイティブクラス**が集まる[2]．

なぜクリエイティブシティの性質・特性を備えたコミュニティなどの登場について理解することが，コミュニティメディアを理解するうえで重要なのだろうか．その第一の理由は，クリエイティブクラスのつくるコミュニティが，世界の経済を動かすようなサービスや製品をつくり出し，大きな影響を与えているからである．第二の理由は，クリエイティブクラスの住む都市，すなわちクリエイティブシティが，先端的な情報を媒介するメディアとなっているからである．

人がどんな「場所」で暮らし，仕事をするかに関しては，いまはもうあまり問題にはならないという人もいる．コミュニティメディアとしてのインターネットが発達すれば，どこにいても必要に応じて電子的にコミュニケーションができ，仕事に支障はなくなってきているという主張である．しかし，実際には，人は，ある特定の場所に居住することで，ビジネス上，あるいは，芸術などの創作活動上，圧倒的に有利になることがわかっている[3]．立地のよしあしによって，個人に，そして，企業に何ができるかが，決まるといってもよい[2]．つまり，特定の「都市」や「場所」がメディアとなって人々のコミュニティをつくり出し，ビジネスや創作を促進している．

現代社会を牽引しているのは，現実には限られた少数の地域である．東京，ニューヨーク，サンフランシスコ，ボストン，シアトル，オースチン，トロント，バンクーバー，ベルリン，パリ，ストックホルム，ヘルシンキ，大阪，ソウル，台北，シドニーなどのクリエイティブシティが，世界のイノベーションと創作活動をリードしている．そのほかの地域では，クリエイティブシティによって成

し遂げられたイノベーションや創作の結果を活用して新たな製品やサービスを開発していく。しかし，こうした開発にも参加できない都市も多く存在する[3]。

これらのクリエイティブクラスに住む人々は，友人と親交を温めたいとか，洗練された文化的なところに住みたいといった理由で集まるわけではない。さまざまな資源の集中によって生まれる優位性や，知識の集積，ソーシャルキャピタルの蓄積が見込めるために，クリエイティブクラスの人々は特定の地域に移動してくる。つまり，クリエイティブクラスは，コミュニティメディアとなる有利な土地を求めて，軽やかに動いているのである。クリエイティブクラスが自由に移動しているのに対し，たとえそこが不利な土地であっても，生まれた土地を生涯離れない人もいる。これは非クリエイティブクラスによく見られる行動であるが，彼らが動かない理由は，経済的な事情によるところが大きく，選択の余地がないからだと思われる[3]。

さて，クリエイティブシティに関連して，フロリダは，都市の発展を計測する指標として，クリエイティビティ・インデックスという測定指標を提案している。フロリダは，経済発展の要素を三つのTによってまず定義した。三つのTとは，技術（Technology），才能（Talent），寛容性（Tolerance）のことである。経済発展のためには，技術，才能がきわめて重要である。それに加え，発展する社会には，寛容性，すなわち開放的な雰囲気と包容力がある。異質なものを排除することなく受け入れ，取り込んで活力のもとにするというのは，発展する社会によく観察される特徴である。フロリダの研究では，クリエイティブシティでは，移民，芸術家，ゲイ（同性愛者），ボヘミアン（放浪者），異なる人種の人々，などの多様な人々を受け入れていた[4]。フロリダはこの三つのTをさらに分解して，労働力におけるクリエイティブクラス人口の比率，一人当りの特許件数，ハイテク都市指数，ゲイ指数などとし，各都市を評価した。そして，この指数，すなわちクリエイティビティ・インデックスで米国の各都市を比較したところ，1990～2000年にかけて，インデックスのランキングにおいて上位につけた地域は下位の地域の3倍の雇用を生み，総賃金は5倍も増加したことがわかった[4]。

つぎに米国のクリエイティブシティについて見てみよう。2004年の米国において，人口が100万人以上の49の地域をクリエイティブクラス人口の比率で比較すると，ワシントンDC，ローリー＝ダーラム，オースチン，ボストン，サンフランシスコ，シアトル，ハートフォード，デンバー，ミネアポリス，ニューヨークが上位に上がった[2]。近年，米国では，高学歴，高収入のクリエイティブクラスの人々が，これらのクリエイティブシティに急速に流入している。その結果，米国では地域ごとに住民の学歴に大きな差異が生じることになった。学歴に関して米国全体では，大卒者の割合が27％であるのに対し，サンフランシスコ，ワシントンなどのクリエイティブな五つの地域では20％程度高い45％以上になっている。さらに，ワシントンとシアトルでは大学院修了者が20％に達していることも見逃せない[3]。

このクリエイティブクラスの移動に伴い，米国の都市のなかには大きな変化を見せるものが出てきた。クリエイティブクラスの集まる都市は，犯罪発生率が低下して安全度が増し，過ごしやすく美しい街となって，都市の魅力が大きく増しているのである[2]。以上述べてきたクリエイティブクラスとクリエイティブシティの概念について図3.1にまとめた。

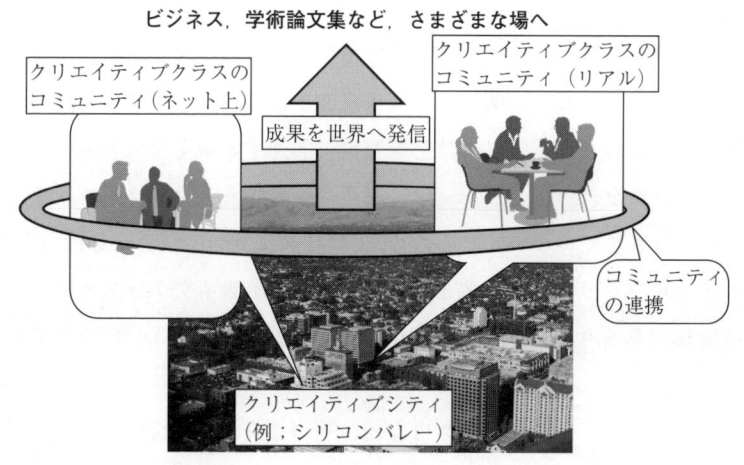

図3.1 クリエイティブクラスとクリエイティブシティの概念
〔出所：注釈1）～4）より作成〕

3.2　クリエイティブクラス

つぎに，クリエイティブクラスとはいったい，どんな人々であるのかを詳しく見てみよう．クリエイティブクラスの特徴は，新しいアイデア，新しい技術，新しいビジネスモデル，新しい文化様式を提案し実現することで，これまでは誰も考えもしなかった突破口を開き，まったく新しい世界，ビジネスをつくって，人間に進歩をもたらす点にある[2]．

フロリダはまた，すべての人々を，クリエイティブクラス-**スーパークリエイティブコア**，クリエイティブクラス-**クリエイティブプロフェッショナル**，ワーキングクラス，サービスクラス，農業に分類している．クリエイティブクラス-スーパークリエイティブコア，クリエイティブクラス-クリエイティブプロフェッショナルがクリエイティブクラスに該当する．

このうちのクリエイティブクラス-スーパークリエイティブコアに，フロリダは，コンピュータおよび数学に関連する職業，建築およびエンジニアリングに関連する職業，生命科学，物理学，社会科学に関連する職業，教育，訓練，図書館に関連する職業，芸術，デザイン，エンターテインメント，スポーツ，メディアに関連する職業を入れている．さらに，クリエイティブクラス-クリエイティブプロフェッショナルには，マネジメントに関連する職業，業務サービスおよび金融サービスに関連する職業，法律に関連する職業，医療に関連する職業，高額品のセールスおよび営業管理に関連する職業を入れている[2]．

ワーキングクラス，サービスクラス，農業に従事する人々はクリエイティブクラスとはみなされていない．そのため，フロリダに批判的な考えを持つ人々は，クリエイティブクラスは特権階級であり，クリエイティブクラスというコンセプトは特権階級を生み出す差別的な考え方ではないかという疑問を呈している．

しかし，クリエイティブクラスは血統に基づく貴族ではない．クリエイティビティは，先祖から受け継いだり，物理的に所有することができない．クリエイティビティを有するのは，特別な才能に恵まれた少数の人に限られるわけで

はない。フロリダは，すべての人間は例外なくクリエイティブな存在であり，そのクリエイティブな能力を発揮しようと努力すれば，誰でもクリエイティブクラスになれると考えている[4]。

3.3 クリエイティブクラスの求めるコミュニティ

では，クリエイティブクラスの人々は，何を目標にし，どんな環境やコミュニティに属することを願っているのだろうか。クリエイティブな人々は，まず，社会や人々に貢献することのできる，やりがいと責任ある仕事を強く求めている。その目標を達成するにあたっては，他者から細かい手順やスケジュールを決められたりすることを極端に嫌う。しかし，だからといって，不安定な生活を求めているわけではなく，比較的安定した雇用のもとで，心躍るような仕事で創造性を発揮することを願っている。また，仕事を通じて専門能力をさらに向上させ，視野を広げる機会があることを望んでいる。刺激を与えてくれる，優秀な同僚がいてくれることが自分の能力向上に役立つとわかっているので，すぐれた人々と働くことを願っているし，また，同じ領域で働く同僚，同業者から高い評価を得ることに何よりの喜びを感じる[2]。

居住地に関しては，クリエイティブクラスは，ごみごみした町やどこにでもある住宅地を選ばない。また，住民どうしのコミュニティに関しては，クリエイティブクラスは，ゆるやかな結びつき，弱い紐帯があることを願っている[2]。この，ゆるやかな結びつき，弱い紐帯とはいったい何であろうか。そして，クリエイティブクラスにとってどのような利点があるのだろうか。つぎにその点について考える。その前に，まず言葉の意味から確認しよう。紐帯とは，人々の結びつきのことである。この結びつきは，どの程度の時間を一緒に過ごしたかということや，情緒的な強度，親密さなどの程度によって強められ，また弱められるものである。

社会学者マーク・グラノヴェッター（Mark Granovetter）[5]は**弱い紐帯の強さ**という論文において，ボストン郊外に住むホワイトカラーの男性の転職活動

を対象にした調査を行い，その結果について述べている[6]。調査の結果，転職活動にあたっては，56％の人が人的ネットワークを用いて職を見つけていたことがわかった。人的ネットワークのなかでも特に有用であったのは，強いネットワークではなく，むしろ弱いネットワークであった。強いネットワーク内の情報はすでに本人にとって，十分わかっているものであることが多いが，弱いネットワークから得られる情報は新鮮で重要なものであったからである。

弱い紐帯は強いネットワークどうしをつなげる架け橋となり，情報の伝達上，重要な役割を果たしていた。強い紐帯関係にある場合，その相手は，力になってあげたいという気持ちが強い人たちであるが，頻繁にその相手と接触したとしても，日常的な雑談に終始することがよくみられる[7]。一方，弱い紐帯関係にある人々は，自分自身の日頃の交際範囲にはない人々につながっていくことを可能とし，自分が日頃，入手している情報とは異なる情報をもたらす。このため，弱い紐帯は，転職などによる社会移動の機会をもたらす重要な資源となり得ていた[6]。ここから，弱い紐帯は，コミュニティをつなぐメディアとして機能していることがわかる。

マサチューセッツ工科大学（MIT）とボストン近辺の企業者コミュニティについて詳細な調査を行った経営学者の金井壽宏[8]も，企業者のコミュニティにおいては，まったく共通点がなければ出会うきっかけはできない（弱い紐帯は必要）が，同時に異質性や多様性がないと新鮮な発見や新たな飛躍はもたらされない，似ている人にばかり取り囲まれていると刺激が乏しくなり，発想が貧困になると述べている[9]。

グラノヴェッターが発見した弱い紐帯は，クリエイティブクラスにとって非常に重要である。なぜなら，少し離れた位置にいる新しい人々とつながり，彼らを受け入れ，新しいアイデアを得ることが，イノベーションや創造的な作業においては不可欠であるからだ。クリエイティブクラスの人々はもちろん，彼らの人生を支える強い絆はしっかりと維持している。しかし，強い絆によって支配されてはいない。弱い紐帯にある多くの人々と多層的につながることで，創造的な成果を出し続けているのである[2]。

▼本章のまとめ▼

　本章では，都市に関する，リチャード・フロリダの重要な提言である，クリエイティブシティ，クリエイティブクラスについて見てきた。クリエイティブシティとは，先端的な芸術，革新的な産業の存在する，創造の場に富んだ都市のことである。クリエイティブクラスは，新しいアイデア，新しい技術，新しいビジネスモデル，新しい文化様式を提案することによって，意義のある新しい形態をつくり出す仕事に従事している人々のことであった。このクリエイティブクラスの流入，移動に伴い，都市は大きく変化していた。また，クリエイティブクラスにとって望ましい関係は，一時的でゆるやかな結びつきであり，弱い紐帯にある多くの人々とつながることで，創造的な成果を出し続けていることもわかった。

演習問題

〔3.1〕　クリエイティブシティとは何かをまとめなさい。
〔3.2〕　クリエイティブクラスとはどのような人々であるかをまとめなさい。
〔3.3〕　弱い紐帯の強さとは何か答えなさい。

注　釈

1) 1957年～。米国生まれの都市社会学者。トロント大学教授。クリエイティブシティ，クリエイティブクラスの研究で知られる。
2) リチャード・フロリダ著，井口典夫訳：クリエイティブ資本論，ダイヤモンド社（2008）
3) リチャード・フロリダ著，井口典夫訳：クリエイティブ都市論，ダイヤモンド社（2009）
4) リチャード・フロリダ著，井口典夫訳：クリエイティブ・クラスの世紀，ダイヤモンド社（2007）
5) 1943年～。スタンフォード大学教授。「弱い紐帯の強さ」の研究で知られる。
6) マーク・グラノヴェッター著，大岡栄美訳：弱い紐帯の強さ，リーディングス　ネットワーク論，勁草書房（2006）
7) 情報マネジメント用語事典「弱い紐帯の強さ」（http://www.atmarkit.co.jp/aig/04biz/swt.html）
8) 1954年～。日本の経営学者。神戸大学教授。
9) 金井壽宏：企業者ネットワーキングの世界　MITとボストン近辺の企業者コミュニティの探求，白桃書房（1994）

4章 クリエイティブクラスによる都市文化の形成

◆本章のテーマ

　前章ではクリエイティブシティ，クリエイティブクラスについて吟味した。それを受け本章では，クリエイティブクラスによる都市の文化の形成と支援について，舞台芸術を中心に見ていく。

　文化，芸術を専門とするクリエイティブクラスの人々が生み出すアートは，都市の活性化に大きな役割を果たす。地域コミュニティによる文化の形成と支援について考えるための具体例として，舞台芸術を例に挙げ，米国，ヨーロッパ，日本の状況について見ていく。なかでも，地域に密着するレジデントカンパニーがどのような展開を見せているのかについて詳しく確認する。

◆本章の構成（キーワード）

4.1 都市発展の中核としての芸術
　　芸術，ボローニャ
4.2 地域コミュニティによる舞台芸術の形成と支援
　　プロデューサシステム，寄付，国家，パリ・オペラ座，
　　レジデントカンパニー，劇団システム
4.3 ヨーロッパにおけるレジデントカンパニーの事例
　　モーリス・ベジャール
4.4 日本におけるレジデントカンパニーの事例
　　Noism
4.5 レジデントカンパニーのマネジメント
　　補助金，アウトリーチ活動

◆本章を学ぶと以下の内容をマスターできます

- 都市発展の中核としての芸術
- 米国，ヨーロッパ，日本における舞台芸術の形成と支援の違い
- レジデントカンパニーとは何か

4.1 都市発展の中核としての芸術

　クリエイティブシティにおいては，中核に，革新的で創造的な人々，すなわち，クリエイティブクラスの人々がいることはすでに述べた。このクリエイティブクラスのなかには，**芸術**の創造を行う人々が含まれる。本章では，そうした芸術をコアにした都市の発展，地域コミュニティとコミュニティメディアの発展について見ていこう。

　芸術を専門とするクリエイティブクラスの人々は，舞台芸術・映像・ソフトウェアなどさまざまな先端的なアート（人間の技芸）を日々生み出していく。これらの作品には強い吸引力があり，引きつけられた人々が，都市の外部から，観劇，鑑賞，そして観光やビジネスのために，世界中から集まってくる。その結果，ホテル，レストラン，交通などの周辺産業も発展し，都市が活性化していく。このような現象が世界各地で非常に多く観察されたため，芸術には，地域コミュニティの中核となって，発展を促す新たな役割が期待されるようになった[1),2)]。このような，芸術，そして文化を中核としたクリエイティブシティの例として，イタリアの**ボローニャ**について見ていこう[2)]。

　ボローニャは，1988年に創立800周年を迎えた世界最古の大学を中核として発展してきた街である。ボローニャで大学が生まれたことは，ヨーロッパの文化の発展において非常に大きな意味を持つものとなった。ボローニャにおいて研究されていた法学は，聖職者によって修道院で研究されていた神学とは異なる。いわば世俗の学問であったことにも大きな意味があった。ボローニャにおいて法学研究が始まったのは11世紀頃とされるが，12世紀にはイルネリウス（Irnerius）[3)]が登場して註釈学を発展させた。なお，13世紀において，ボローニャの人口は5万人程度であったが，その中に学生は2 000人もおり，大学の存在感は大きかった[4)]。ボローニャ大学においては，大学こそが人々を結びつけるコミュニティでありメディアであったといえるだろう（**図4.1**）。

　現代のボローニャは，大学を中核におきながらクリエイティブシティとして，産業および芸術の両面で発展を続けている。機械などに関係した産業，映

4. クリエイティブクラスによる都市文化の形成

図4.1 ボローニャ大学における1350年代の講義風景を描いた写本挿絵〔出所：Wikipedia〕

像芸術などの多様な分野で，活発な活動が行われている[2]。

4.2　地域コミュニティによる舞台芸術の形成と支援

つぎに，都市発展の中核としての芸術についてより深く考えるため，具体例として，舞台芸術を取り上げる。国際比較を行うことで論点が明確になるので，国として米国，ヨーロッパ，日本を選び，舞台芸術の創造プロセスを見ていく。

4.2.1　米国における舞台芸術の創造

最初に，米国では一般に，舞台芸術がどのような体制で創造されているかについて確認する。米国では，芸術は社会を活力あるものとしていくうえで重要であるという合意はあるが，連邦政府がそれを支えるという考えは弱く，民間あるいは地域が支えるべきであるという考えに立っている。つまり，それを鑑賞する人，評価する人が資金を提供して支えるべきだという考え方が強く，一部の政府基金を除いて，連邦政府の助成は少ない。

ハリウッドの映画，ブロードウェイのミュージカルのような大型のエンターテインメントにおいては，こうした考えに沿ったビジネスとしての自立した運営が可能になっている。ブロードウェイミュージカルは主として**プロデューサシステム**により創造，管理運営されている。プロデューサシステムとは，公演ごとに俳優や技術スタッフを集めて行う公演方法のことである。創作はプロ

4.2 地域コミュニティによる舞台芸術の形成と支援

デューサが中心に行い，プロジェクトベースで創作を行うので，地域コミュニティとの関わりはほとんどない。

日本でもプロデューサシステムによる公演は行われているが，日米のプロデューサシステムの違いは，米国では，公演にあたり大規模に投資を募ること，俳優の選考にあたっては実力を重視したオーディションが行われること，さらに米国ではオフブロードウェイという実験の場とブロードウェイという長期的な商業公演の場が用意されているが，日本ではそのような場はないことが挙げられる[5]。しかし，交響楽団，オペラ，バレエのような市場メカニズムだけでは成立しにくい芸術もある。こうした分野の芸術については，米国では，連邦政府よりも，個人などの**寄付**によって支えられていることに特徴がある。ジョージ・メーソン大学の研究に基づき，米国における非営利芸術文化団体の収入内訳を見てみると，おおむね団体収入の50％はチケット販売などの事業収入によってまかなわれていることがわかる。公的支援（連邦政府，地方政府）から得られる収入は全体の10％程度である。残りの40％が民間の支援，すなわち寄付によって支えられている。この内訳を見てみると，20％が個人，13％が財団，7％が企業からの寄付となっている。

米国においては，寄付による資金集めが非常に広く行われている。米国における2004年の寄付総額は2,485億ドルであり，この年のGDPの2.1％の規模となっている。なお，総寄付額の75.6％が個人によるもので，寄付といえば個人ではなく企業の寄付が多い日本とは状況が異なっている[5]。それにしても，いったいなぜ米国の人々は寄付をこれほどするのだろうか。そのことを理解するためには，キリスト教への理解が必要になるだろう。キリスト教では，得た富の一部を献金したり，隣人のために奉仕することを教えている。ゆえに，特に大きな富を得た人は，寄付をしなければ，社会的非難を受ける可能性すらある社会となっている。

この寄付は芸術に対するものだけではなく，さまざまな分野が対象となっている。宗教，教育，保健，環境保全などが大きな額を占めており，芸術に対する寄付は2004年において全体の5.6％となっている。米国では寄付金に対す

る優遇税制が整備されていることが知られている。とはいえ，1992年の調査によると，芸術への寄付者の最大の動機は，その団体のミッションや作品を信奉しているから（95％）であり，租税優遇措置があるからという理由を選んだ回答者（42％）を大きく上回っていた。教育や医療ではなく，あえて芸術を寄付の対象として選択する人は，芸術に関心があり，かつ，特定の団体に対して，深い理解があるということだろうか。自分の街にある劇場，団体を支援したいという動機ももちろん強い。米国では1世紀以上前から，有名な美術館と交響楽団，オペラ，バレエ団という芸術性の高い3団体を有していることが文化レベルの高い都市である証となっており，都市における舞台芸術の存在感は大きい[6]。つまり，劇場が都市のコミュニティメディアとなっている。

なお，米国では，個人による芸術支援の形態としての，ボランティア活動による貢献も見逃せない。以上のように，ブロードウェイのような商業演劇では劇場と地域コミュニティの関わりは薄いが，非営利の分野においては，劇場は地域コミュニティメディアとしての役割を果たしている[5]。

4.2.2 ヨーロッパにおける舞台芸術の創造

さて，米国とは異なり，ヨーロッパでは舞台芸術は主として政府の助成により支えられている。優れた芸術でも短期的に経済的利益が得られるわけではなく，**文化は国家**が守るべきであると考えられているからである。

ヨーロッパのなかでも，文化は国家が守るべきであるという考え方が鮮明なのがフランスである。フランスで文化の創造に介入してきたのは，つねに国家であった。なぜなら，文化の保護の伝統は国王による保護が原型としてあったからである。フランスにおいて，文化の保護，創造に関して，いまに至る大きな足跡を残したのは，太陽王として知られるルイ14世（Louis XIV）[7]であった。ヴェルサイユなどの建築，モリエール（Molière）[8]などによる劇作など，人類の遺産ともいうべき作品が王の保護下で生まれたが，芸術は，王の権力を誇示するために使われるという意味合いが強かった。

しかし，フランス革命により王権は揺らぎ，保護者をなくした多数の文化が

荒廃してしまった。この状況を憂えた新政府は，文化を専門に扱う組織をつくった。その後は文化の保護は国王に代わり，中央政府を中心に行われていく。

中央政府が支援してきた芸術の一つにバレエがある。フランスバレエ界，ひいては世界のバレエ界において，現在まで，350年にわたり中心となってきたのは**パリ・オペラ座**[9]である（**図4.2**）。

図4.2 パリ・オペラ座（ガルニエ宮）の外観と内部の大階段〔出所：Wikipedia〕

現在のパリ・オペラ座はガルニエ宮とオペラ・バスティーユからなっているが，2004年における公演数は，ガルニエ宮が150公演，オペラ・バスティーユが200公演に達している。年間予算は2004年において1億6000万ユーロで，そのうち，1億ユーロが政府からの助成でまかなわれている。なお，パリオペラ座に対しては，この助成の条件として，少なくとも年間4本の新作を創作することが政府から求められている。ここから伝統的な作品も大切にしつつ，新進気鋭の振付家による新しい作品を創作することの重要性が強く意識されていることがわかる。その結果，パリ・オペラ座は，クラシック作品においても，コンテンポラリー作品においても，ともに超一流であり続けるという非常に困難な夢を実現している[10]。さらに，オペラ座は芸術の創造の場だけでなく社交の場として，パリにおけるコミュニティの中心の一つとなり，世界へフランス文化を発信するメディアともなっている。

以上のように，フランスでは文化政策は伝統的に中央集権的な手段で実施してきたが，第二次世界大戦後，文化を保護し創造する主体が中央政府にあまりにも偏っていたことへの反省が起こり，文化の民主化が行われた。具体的に

は，地方都市で芸術祭を開催したり，地方に劇場をつくったりするムーブメントが生まれた。著名なアヴィニヨン演劇祭の企画や，シャイヨー劇場の創設はこのころに行われた。併せて，それぞれの地域が有機的に連動できるように，地域間のネットワークである地方文化会議も設置された。

こうした流れのなかで，例えば，地方都市であるパンタン市には，国立ダンスセンターが建設された。当該センターは，芸術家にリハーサルスタジオや舞台を提供するものであり，単に，中央のバレエ団の公演を実施するための劇場を建設することとは違う効果を市にもたらした。つまり，**レジデントカンパニー**を持つことが可能になったのである。レジデントカンパニーとは，地域劇場を拠点としたカンパニーのことである。センターでは，さらに，舞踏関係の職業人のキャリアについてのカウンセリングサービスを提供したり，視聴覚図書館を備えるようになった。センターは地域の住民との連携にも注力した。その結果，このダンスセンターは，パンタン市をクリエイティブシティといえる存在に押し上げることに成功した[10]。

以上，フランスの例を見てきたが，フランスに限らず，現在，ヨーロッパにおけるバレエやオペラなどのハイアートの舞台芸術創造活動は，主として国立

表4.1 ヨーロッパのおもな国立劇場およびレジデントカンパニー

国	劇場名	芸術監督	分野	レジデントカンパニー
フランス	パリ・オペラ座 ガルニエ宮およびオペラ・バスティーユ	ブリジット・ルフェーブル	バレエ	パリ・オペラ座バレエ
スイス	メトロポール劇場	ジル・ロマン	バレエ	ベジャール・バレエ・ローザンヌ
ドイツ	ハンブルグ州立歌劇場	ジョン・ノイマイヤー	バレエ	ハンブルグバレエ団
	シュツットガルト州立劇場	リード・アンダーソン	バレエ	シュツットガルトバレエ
オーストリア	ウィーン国立歌劇場	マニュエル・ルグリ	バレエ	ウィーン国立バレエ
モナコ	グリマルディフォーラム	ジャン＝クリストフ・マイヨー	バレエ	モンテカルロ・バレエ
イギリス	ロイヤル・オペラ・ハウス	ケヴィン・オヘア	バレエ	ロイヤルバレエ団
ロシア	ボリショイ劇場	セルゲイ・フィーリン	バレエ	ボリショイバレエ
	マリインスキー劇場	ワレリー・ゲルギエフ	バレエ	マリインスキーバレエ

（出所）各団体のホームページより作成（2013年1月現在）

劇場またはレジデントカンパニーシステムにより実行されている。そのうち，地域コミュニティとの関わりが特に強いのは，創作，公演を地域劇場で行うレジデントカンパニーである。**表 4.1** にヨーロッパのおもな国立劇場およびレジデントカンパニー（バレエ）の例を示す。

4.2.3 日本における舞台芸術の創造

つぎに，日本において舞台芸術がどのような体制で創造されているかを確認する。日本の舞台芸術は主として**劇団システム**とプロデューサシステムにより創造，管理運営されている[11]。劇団とは，舞台芸術を提供するのに必要な構成員からなる固定的な組織である。公演にあたっては，劇団本部とは別のところにある劇場を借りることが多い。創作は主として劇団本部で行い，地域コミュニティとの関わりは薄い。ゆえに，劇場がコミュニティメディアとして機能することはあまりない。

日本の舞台芸術の経営は主として興行収入により支えられ，政府の助成は少ない。また個人の寄付はほとんどない。安定収入を得る例は少なく，ダンサーであれば教師として生計を支えていることが多い。

続けて，日本における舞台芸術への公的支援について述べる。日本の舞台芸術は主として劇団システムとプロデューサシステムにより創造，マネジメントされているが，公共的支援も一部なされている。日本の文化総予算（文化庁，都道府県，政令都市，市町村，企業メセナ）は 2000 年度において 7 578 億円である[12]。この予算の多くがホールなどの建築費に振り向けられてきた。公的劇場の数は 1975 年には 520 館であったが 2000 年には 2 465 館に達した。文化予算の 7～9 割はハードの予算であり，ソフトに関わる予算は 1 割程度であった。一方，ハードを活用し，継続的に事業展開する予算は少額だった[11]。政府（文化庁）の方針は，1990 年代になるとソフトに予算を投じるように変化した。芸術文化振興基金（1990 年），アーツプラン 21（1996 年）の創設が行われるとともに，文化芸術振興基本法（2001 年）が成立している。

一方，地方自治体では事情が異なる。地方自治体におけるソフト予算（芸術

文化事業費等，文化施設経費・事業費の合計）は1991年度において文化予算全体の18.2％であったが，2000年度には18.7％と，あまり変化していない。しかし，数多く生まれた公共ホールのなかから，独自の作品創造に取り組む例が生まれている。東京近郊の都市劇場においては，有名人を芸術監督として招くことが，演劇分野を中心に近年多く行われている。東京芸術劇場は野田秀樹[13]を，神奈川芸術劇場は宮本亜門[14]を，彩の国さいたま芸術劇場は蜷川幸雄[15]を芸術監督として招き，創作活動を行うとともに，公演全般についてアドバイスを受けている。

　フランチャイズとなるオーケストラや劇団を持つ公共劇場もある。フランチャイズとは特定の劇場を中心的な公演場所として定めているオーケストラやカンパニーのことをいう。ただし，劇場内に稽古場を持って創作を行ったり，芸術監督が付近に居住したりすることは少ない。フランチャイズは日本では音楽の分野で多く見られる。

　さらに踏み込んで，特定の劇場を創作の拠点として定め，メンバーが付近に居住しているレジデントカンパニーが設立された例もある。このような段階に達すれば，劇場は地域のコミュニティメディアとして，人々をつなぎ，文化を発信する機能を持つことができる。そうした例は，都市劇場においてはあまり見られないが，地方劇場においては複数のケースがある。新潟市民芸術文化会館（りゅーとぴあ），キラリ☆ふじみ（埼玉県）などである。キラリ☆ふじみではレジデントカンパニーを選ぶにあたり，オーディションを行って応募のあった33のカンパニーのなかから三つを選んでいる。

　なお，日本芸能実演家団体協議会，日本音楽著作権協会など文化に関わる専門家が所属する13の団体からなる文化芸術推進フォーラムは，日本にある公的劇場（2 000か所以上）のすべてが創造の拠点となることは困難であるが，200か所程度は文化創造拠点として整備すべきと提言している[1]。

　表4.2に，日本の公的劇場において，芸術監督，レジデントカンパニー，フランチャイズが設置されている事例を示す。

4.2 地域コミュニティによる舞台芸術の形成と支援

表 4.2 日本の公的劇場において，芸術監督，レジデントカンパニー，フランチャイズが設置されている事例

	劇場名	芸術監督	分野	レジデントカンパニー	フランチャイズ
都市劇場	東京芸術劇場	野田秀樹	演劇	—	—
	神奈川芸術劇場	宮本亜門	演劇	—	—
	彩の国さいたま芸術劇場	蜷川幸雄	演劇	—	—
	世田谷パブリックシアター	野村萬斎	演劇	—	—
	新国立劇場	宮田慶子	演劇	—	—
		尾高忠明	オペラ	—	—
		デビッド・ビントレー	バレエ	新国立劇場バレエ団	—
	すみだトリフォニーホール	—	音楽	—	新日本フィルハーモニー交響楽団
	ミューザ川崎シンフォニーホール	—	音楽	—	東京交響楽団
	杉並公会堂	—	音楽	—	日本フィルハーモニー
	ティアラこうとう	—	音楽，バレエ	—	東京シティフィルハーモニー 東京シティバレエ
地方劇場	新潟市民芸術文化会館/りゅーとぴあ	金森 穣	ダンス	Noism	
			音楽	—	東京交響楽団
	静岡県舞台芸術センター	宮城 聡	演劇	SPAC	—
	石川県立音楽堂	—	音楽	—	オーケストラ・アンサンブル金沢
	ピッコロシアター	若松 了	演劇	兵庫県立ピッコロ劇団	—
	まつもと市民芸術館	串田和美	演劇	—	—
	水戸芸術館	畑中良輔	音楽	水戸室内管弦楽団	—
		松本小四郎	演劇	ACM（Acting Company Mito）	—
	キラリ☆ふじみ	多田淳之助	演劇	東京デスロック 田上パル モモンガ・コンプレックス	—
	兵庫県立芸術文化センター	佐渡 裕	音楽	兵庫芸術文化センター管弦楽団	—
	静岡音楽堂 AOI	野平一郎	音楽	—	—
	びわ湖ホール	沼尻竜典	音楽	声楽アンサンブル	—

（出所）各劇場のホームページより作成（2013 年 1 月現在）

4.3 ヨーロッパにおけるレジデントカンパニーの事例

　ここまで，都市発展の中核としての芸術およびコミュニティメディアとしての劇場について，米国，ヨーロッパ，日本の例を比較しつつ見てきた。そのなかで，地域コミュニティとの関わりが特に強く，コミュニティメディアとなりうる可能性が高いのは，レジデントカンパニーを抱えて，創作，公演を地域で行う劇場であることがわかった。そこで，つぎに，ヨーロッパと日本のレジデントカンパニーについて詳しく見ていくことにしよう。

　まず，ヨーロッパにおけるレジデントカンパニーの事例として，ベジャール・バレエ・ローザンヌ[16]）について詳述する。ベジャール・バレエ・ローザンヌを設立し，芸術監督を務めていた**モーリス・ベジャール**（Maurice Béjart）[17]）は20世紀を代表する振付家である。1959年には初期の代表作「春の祭典」を創作し，一躍，時代の寵児となった。1960年にはベルギーのブリュッセルに20世紀バレエ団を設立し，いまでも頻繁に上演される傑作「ボレロ」（1960年），「火の鳥」（1970年）などを創作した。なお，バレエ団は1987年にブリュッセルからスイスのローザンヌに移動し，ベジャール・バレエ・ローザンヌと名称を変えた。ベジャールは地域におけるダンスの教育にも力を入れ，ダンス学校ムードラをブリュッセル（1970年）に，そして，ルードラをローザンヌ（1992年）に設立したことでも知られる[18]）。ローザンヌに拠点を移した後もベジャールは「バレエ・フォー・ライフ」（1997年）など，多数の作品を発表し，精力的に活動を続けたが，惜しまれつつ2007年11月に逝去した。

　ベジャールの作品は在来のキリスト教的価値観にとらわれない，多様な文化の表現，豊かな音楽性，スペクタクル性などを備え，バレエに真の革新をもたらしたと評価されている。生前から20世紀最高の振付家と呼ばれており，1994年には振付家として最初にアカデミーフランセーズの会員に選出されている。

　創造の場であるバレエ団を，ベジャールはレジデントカンパニーとして運営していた。1960年に設立した20世紀バレエ団はベルギー王立モネ劇場（ブ

リュッセル）を本拠地としていた．当時，ベルギー王立モネ劇場のディレクターを務めていたモーリス・ユイスマン（Maurice Huisman）[19]とベジャールは強い信頼関係に結ばれていたため，芸術的に，また商業的に，目覚しい成功がもたらされた．傑作「春の祭典」の創作もこうしたなかでつくられた．

しかし，ユイスマンが引退した後，後継者として着任したジェラール・モルティエ（Gerard Mortier）[20]は人気のあった20世紀バレエ団によって得られた資金をバレエ団には還元しないでオペラに注ぎ込み，ベジャールと衝突した．信頼関係を失い，ベジャールはブリュッセルを離れることを決めた[21]．その決断を知ったローザンヌ市はベジャールに接触（1987年5月28日），ベジャールは，ローザンヌへ移動することも不可能ではないことを伝えた．それを受けて市当局は全体会議（6月3日），財務委員会（6月9日）を開き，前向きに進めることを決めた．この動きを知ったフランスの閣僚はベジャールのバレエ団をパリに設立するための企業援助を呼びかけ，ベジャールの招聘に向けて動き出した．そもそも，ベジャールはフランス人であったが，本拠地は長く他の国に置いていたからである．世界的な名声を博していたベジャールには，シドニー，東京からも招聘の声が上がった．しかし，ベジャールは最終的に6月19日に，ローザンヌ市と契約することを決め，6月29日に20世紀バレエ団は最終公演を終えた．

ベジャールのバレエ団を財務的に支援するため，ローザンヌ市は，1987年に230万フランと財団設立のための基金として10万フランを準備，1988年用には200万フランの補助金を用意することにした．ローザンヌは人口12万8000人の小さな都市で，市民の直接民主制で運営されているため，住民投票によりこの決定を覆すことも可能であったが，多数の市民の賛成を得て，バレエ団の受け入れが決まった．そして，1987年12月21日，ベジャール・バレエ・ローザンヌの第1回公演が行われた．

ベジャールの移動は一つの事件として受け取られた．一つのバレエ団が解散し，芸術監督がメンバーをひきつれて，別の場所に新しいバレエ団を設立したという事例はほかになかったからである．また，約6か月の間にそれを成し遂

げ，公演を再開した例もない。ローザンヌを選んだ理由について，ベジャールは，信頼関係があること，バレエを重視しており，国際的なコンクール（ローザンヌ国際バレエコンクール）が毎年行われていること，国際都市でありながら首都の喧噪から離れていることを挙げている。

ベジャールはフランス人であるが，パリを選ばなかった理由として「パリはフランスではない（パリはパリであってフランスのほかの地域とは違う）」，「公演なら話は別だが創作の場合，パリは私には向かない」，「働く場所はどうでもいいと同時に大切でもある」と述べている。

また，ベジャールはローザンヌへの移動にあたりバレエ団のあり方を根本から見直した。20世紀バレエ団においては80人のメンバーを抱えていたが，ローザンヌへの移動を後に30人にまで減らしている。この改革により，ベジャールは優れたメンバーを残すことができた。ローザンヌに移ったベジャールとそのバレエ団は，その後も精力的に創作・公演活動を続けていった[22]。

ベジャールが2007年11月に亡くなったあと，バレエ団の芸術監督はジル・ロマン（Gil Roman）[23]が引き継いだ。ジル・ロマンは1979年の入団以来，数多くの作品で中心ダンサーとして活躍し，1993年より副芸術監督を務めていた。バレエ団はベジャール自身の人脈，才能によって牽引されていた面が大きく，継承し発展させていくことは容易ではないが，ロマンは現時点では高い評価を得ている。ベジャール・バレエ・ローザンヌのケースはレジデントカンパニーと自治体との関係について以下のような示唆を与えている。

（1）　レジデントカンパニーと自治体間の信頼関係の確立が最も重要である。
（2）　自治体のビジョン，芸術への長期的な取り組み姿勢が問われる。
（3）　自治体はレジデントカンパニーの運営に加えて，コンクールを開催するなど，多方面からの芸術支援を行うことが望まれる。
（4）　拠点選択の成功で芸術家の創作は促進される。

4.4 日本におけるレジデントカンパニーの事例

つぎに，2004年に設立された日本初のレジデントカンパニーの事例について述べる。コンテンポラリーダンス（現代ダンス）を創作，上演するNoism[24]は新潟市民芸術文化会館（りゅーとぴあ）を拠点とするカンパニーである。芸術監督には金森穣[25]が就任している。金森は1974年に生まれ，ヨーロッパでダンサー，振付家として活動したのち帰国し，2004年にNoismを旗揚げした。

Noismは新潟市の予算を得て活動を行うレジデントカンパニーである。市からの補助金の年間予算規模はおおむね5 000万円である。金森はこの予算で，人件費，運営費をまかない，作品を創造する。そして，その作品を拠点劇場であるりゅーとぴあ，日本各地，世界各地の劇場で上演して，チケット収入を得て活動を行っている。金森は多くの優れた作品を発表しており，世界的に評価が高い[26]。日本においては，バレエのようなハイアートの分野に対する助成は多くはないので，いくら優れた才能の持ち主であっても，それにより生計を立てることはきわめて困難である。多くのダンサーが日本を捨て，海外に活躍の場を求めてきた。そうしたなか，金額は大きくなくとも，地方政府から助成を継続的に得るとともに，創作拠点と劇場を持てることの意義は大きい。金森は「舞踏に精神を宿すためには修行の場としての劇場が必要」と述べている[1]。

なぜ，新潟市はこのような支援を行うことができたのか。新潟市はまちづくりの基本理念の一つとして，「創造型政令市」を標榜し，「可能性と創造性に満ちたまちづくり」を進めている。[27] この具体的な現れが文化事業への投資であり，「新潟発の文化創造」を目標に掲げた，りゅーとぴあの建設であった。Noismの設立もその一環として行われた。2006年におけるりゅーとぴあの年間入場者数は31万人前後であり，うち，Noism新潟公演入場者数は合計2 460人であった[28]。新潟市は，その理念[29]から，クリエイティブシティを目指していると判断できる。

2 460人という入場者数は多くはない。しかし，コンテンポラリーダンスは，

日本人にとってはあまりなじみがなく，鑑賞経験のない人にとっては，難解という印象を与えるため，東京などの都心においても観客数は少ない。そうしたなかで，Noism は地方都市である新潟において 324 名のサポーター会員を得て，900 名収容の劇場での定期公演を実現しており，地域において芸術の創作と発信を行う役割，すなわち，コミュニティメディアとしての役割を果たしているということができる。とはいえ，レジデントカンパニーは，地域だけで公演をする存在ではない。各地の公演でも，非常に高い評価を得て，多くの観客を集めている。なお，Noism がマスコミなどに取り上げられる際は，新潟市の名前が併記されるため，新潟市の PR に貢献することができている。

以上のように新潟市において Noism は，ベジャール・バレエ・ローザンヌには及ばないものの，文化発信，PR の役割を果たしている。新潟市における Noism の直接的な経済効果は明らかにはなっていないが，Noism はクリエイティブシティ新潟の中核となるべく活動を継続している。

4.5　レジデントカンパニーのマネジメント

以上，ヨーロッパにおけるレジデントカンパニーの事例と，日本におけるレジデントカンパニーの事例を見てきた。これらの事例から，地域コミュニティにとって舞台芸術を創造する組織は非常に重要な意味を持ち始めていることがわかった。しかし，そのマネジメントを適正に行い，組織を継続させ地域に貢献することは，実際には容易なことではない。舞台芸術の創作は卓越した個人の活動であるのに対し，それを上演する組織は複数の人間から構成され，存続のためにはマネジメントを必要とするが，その必須の作業が困難を極めるのである。先端的な芸術の場合，多くの観客を見込むことはできず，入場料からの収入だけで運営を支えることは困難であり，地方自治体などからの支援を多く期待せざるを得ないことが，まずはマネジメント上の大きな課題となる。

表 4.3 に，ローザンヌ市と新潟市の現状とバレエ団への**補助金**の金額などについてまとめた。ローザンヌ市の歳出は 16 億 4 998 万フラン（2010 年）（約

4.5 レジデントカンパニーのマネジメント

表 4.3 ヨーロッパの事例（ローザンヌ市）と日本の事例（新潟市）の比較（2013年1月現在）

市の規模		ローザンヌ市	新潟市
市の規模	人 口	12.9万人（2007年）	80万人（2008年）
	歳 入	16億3165万フラン（2010年）	3308億円（2008年）
	歳 出	16億4998万フラン（2010年）	3276億円（2008年）
バレエ団	レジデントカンパニー	ベジャール・バレエ・ローザンヌ	Noism
	設 立	1987年	2004年
	芸術監督	ジル・ロマン	金森穣
	自治体からの補助金	1988年は200万フラン，2010年は400万フラン	5000万円（2008年）
	メンバー数	約30人	約10人
	学 校	ルードラ	舞踊学校

1 450億円）であり，ベジャール・バレエ・ローザンヌへの補助金は400万フラン（3.6億円）（2010年）である．新潟市の歳出は3 276億円（2008年）であり，Noismへの補助金は約5 000万円（2008年）である．以上から，歳出に占めるカンパニーへの補助金の割合はローザンヌ市が0.24％，新潟市が0.015％である．

ただし，新潟市の場合，りゅーとぴあ全体に対しては約10億円が支出されている．用途としては施設（ハード）に関わる費用が7.6億円，自主公演事業には2.4億円になっている．りゅーとぴあにはダンス以外に音楽，演劇の部門があり（レジデントカンパニーはない），それらと，この2.4億円を分け合う形になっている[1]．

しかし，自治体が支援をしているからといって，地方自治体側の人間が必要以上に介入すると，創作活動に悪影響が出るだけでなく，離任といった事態にも発展することがある．ベジャールとそのバレエ団の場合には，21世紀バレエ団設立当初は，理解のあるディレクターのもとで旺盛な創作活動を展開することができたが，その後，自治体（ブリュッセル市）が選任したディレクターの就任，介入により，活動に支障をきたすようになった．結果，ベジャールは当該自治体を離れ，ローザンヌ市に移動することを選択した．ブリュッセル市は，クリエイティブコアとなっていた世界的なバレエ団を失うことになった．

Noismの場合には，芸術監督である金森と新潟市のすりあわせによって権限委譲が図られたこと，新潟市長に芸術団体への理解があったこと，などの要因により，現在まで，活動を継続し得ている。しかし，金森は「新潟では劇場，カンパニーが認知されておらず，行政側のビジョンも不明確で，課題が多い」と日本の地域コミュニティの未成熟を指摘している[1]。

ベジャールとそのバレエ団が移動したローザンヌ市の場合には，国際的なバレエコンクールを1973年から毎年開催しており，もともとバレエを中核とした芸術創造，都市振興に対するビジョンが明確に存在していた。ローザンヌ市はベジャールの創作活動に深い理解を示し，援助を20年以上にわたり継続している。ベジャールの死後もバレエ団を引き継いだジル・ロマンに対しローザンヌ市は支援を続けている。しかし，巨匠を失った後の関係は以前ほど安定的ではない。

税金を使う以上，芸術的成果はどれほどか，広告効果があるか，市民へ還元はあるか，といった点について厳しく査定されることはやむを得ない。Noismは市民からの支援に応えるため，新作の創造に加え，**アウトリーチ活動**を行っている。アウトリーチとは，日頃芸術や文化に触れる機会の少ない市民に対して働きかける活動のことをいう。具体的には，小学生を対象にしたワークショップ，美術館における公開パフォーマンス，フリーペーパーの発行などを行っている[30]。

さらに，Noismは2009年には，新潟市とともに，プロフェッショナルダンサーを育成するため，授業料無料の劇場専属舞踊学校の設立を発表した。ヨーロッパのレジデントカンパニーではこうした学校および若手によるサブグループが併設されることは多い。ベジャールが設立したルードラは授業料無料でプロフェッショナルなダンサー，振付家を育てており，ここから多くの才能が巣立っている。しかし日本において無料のプロフェッショナルスクールがおかれるのはきわめてまれなケースである。ここでNoismは若い舞踊家の育成を目指すとともに，地域におけるアウトリーチ活動を実施して，クリエイティブシティの中核としての役割を果たしていくと考えられる。

4.5 レジデントカンパニーのマネジメント　　55

　ただし，Noism の運営に関わる多くの負担が金森一人に集中している点は，課題である。ヨーロッパの劇場では，芸術監督とは別にプロデューサがおかれている。プロデューサは資金の獲得，行政との折衝，ツアーで用いる公演会場の確保など，運営/ビジネス面を統括する。そのほか，広報などの専門家も配置されている。そのため，芸術監督は多くの時間を創作に使うことができる。レジデントカンパニーを一人の人間が運営するのではなく，マネジメント，広報，芸術などの専門家のチームによる運営を行うことが望まれる。

　彼らの活動が，世界のメディアにおいて取り上げられることで，文化の発信基地としての役割を果たし，また，都市の名前を高めることができるが，そのためには広報の専門家がいることが重要になる。

　以上，ベジャールの事例や Noism の事例から，クリエイティブシティをつくり，地域コミュニティを発展させる方法として，レジデントカンパニーを持つことは有効ということができるが，マネジメントは注意深く行っていかなければならないことがわかる。

▼**本章のまとめ**▼

　本章では，クリエイティブクラスによる都市文化の形成と支援について，舞台芸術を中心に見ていった。文化，芸術を専門とするクリエイティブクラスの人々が生み出すアートは都市の活性化に大きな役割を果たしていた。例えば，ボローニャは世界最古の大学を中核として発展してきた都市であった。つぎに，地域コミュニティによる文化の形成と支援について考えるため，舞台芸術を例に挙げ，米国，ヨーロッパ，日本の状況について見ていった。米国では舞台芸術を鑑賞する人，評価する人が支えるべきだという考え方が強かった。ヨーロッパでは，国家，地方政府の援助が大きかった。日本では主として劇団システムとプロデューサシステムにより創造されているが地方政府の援助がないわけではなかった。そうした地域に密着するレジデントカンパニーとして，ヨーロッパのベジャール・バレエ・ローザンヌと日本の Noism を比較した。その結果，日本においてはまだまだ未発達ではあるが，クリエイティブシティをつくり，地域コミュニティを発展させる一つの方法として，レジデントカンパニーをおくことには可能性があることがわかった。

演習問題

〔4.1〕 都市発展の中核としての文化,芸術の意義について述べなさい。

〔4.2〕 米国,ヨーロッパ,日本における舞台芸術の形成と支援の違いについてまとめなさい。

〔4.3〕 レジデントカンパニーとは何か答えなさい。

注 釈

1) シンポジウム「文化芸術による人づくり,社会づくり,国づくり」,文化芸術推進フォーラム（2009年11月25日）
2) 佐々木雅幸：創造都市への展望,学芸出版社（2007）
3) 12世紀ボローニャの法学者。註釈学派の開祖。
4) 斎藤寛海ほか：イタリア都市社会史入門,昭和堂（2008）
5) 片山泰輔：アメリカの芸術文化政策,日本経済評論社（2006）
6) リチャード・フロリダ著,井口典夫訳：クリエイティブ資本論,ダイヤモンド社（2008）
7) 1638～1715年。ブルボン朝最盛期の王で太陽王と呼ばれた。
8) 1622～1673年。フランスの劇作家。代表作に『人間嫌い』,『ドン・ジュアン』など。
9) パリオペラ座（http://www.operadeparis.fr/）
10) クサビエ・グレフ著,垣内恵美子訳：フランスの文化政策,水曜社（2007）
11) 佐藤郁哉：現代演劇のフィールドワーク,芸術生産の文化人類学,東京大学出版会（1999）
12) ニッセイ基礎研究所：文化芸術を取り巻く環境変化（2004）
13) 1955年～。日本の劇作家,演出家。代表作に『野獣降臨』,『THE BEE』など。
14) 1958年～。日本の演出家。代表作に『アイ・ガット・マーマン』,『太平洋序曲』など。
15) 1935年～。日本の演出家。代表作に『王女メディア』,『マクベス』など。
16) ベジャール・バレエ・ローザンヌ（http://www.bejart.ch/fr/）
17) 1927～2007年。フランスの振付家。代表作に『春の祭典』『ボレロ』など。
18) ベジャール・バレエ・ローザンヌ：2008年日本公演パンフレット
19) 1912～1993年。ベルギー王立モネ劇場ディレクター。
20) 1943年～。ベルギー王立モネ劇場ディレクター。
21) 佐々木忠次：起承転々 怒っている人,集まれ！―オペラ＆バレエ・プロデューサーの紙つぶて,新書館（2009）
22) ジャン＝ピエール・パストリ著,竜見知音訳：ベジャール–再生への変貌,東京音楽社（1990）
23) 1960年～。フランス生まれのダンサー。ベジャール・バレエ・ローザンヌ芸術監督。
24) ノイズム（http://www.noism.jp/）
25) 1974年～。ダンサー,振付家。Noism芸術監督。
26) 文化庁：第6期文化審議会文化政策部会第5回議事録（2008）（http://www.bunka.go.jp/bunkashingikai/seisaku/06_05/gijiroku.html）
27) 新潟市（http://www.city.niigata.jp/info/bunka/public/05.pdf）
28) 新潟市（http://www.city.niigata.jp/info/kikaku/plan/pdf/p83_91.pdf）
29) 新潟市（http://www.city.niigata.jp/info/shogaku/public/keikaku/pdf/keikaku%281sho%29.pdf）
30) ノイズムニュース（http://www.noism.jp/blog/2009/05/post_82.html）

5章 産業クラスター

◆ 本章のテーマ

　前章では，芸術と都市の関係について述べた。本章では，企業，産業に目を転じ，企業，産業と都市の関係について述べていく。
　産業クラスターとは，ある産業に関連した企業，大学などが特定地域に集まった状態のことをいい，地域におけるビジネスのコミュニティメディアとなる存在のことである。ハイテク産業のクラスターとして世界的に有名なのはカリフォルニアのシリコンバレーであろう。
　シリコンバレーの発展はスタンフォード大学の設立によって始まったが，中心となるビジネスは，軍事産業，半導体，コンピュータ，インターネットと変遷してきた。シリコンバレーでは激しい競争が行われているが，個人としては，信頼関係によってゆるやかに，しかし強い結びつきを持ってコミュニティを形成している。日本でも産業クラスターの形成に向けた動きがいくつかあるので，それらについても紹介する。

◆ 本章の構成（キーワード）

　5.1　産業クラスターとは
　　　　産業クラスター
　5.2　シリコンバレー
　　　　シリコンバレー，スタンフォード大学，ヒューレット・パッカード社，
　　　　HP ウェイ，軍事産業，半導体，シリコンバレースタンダード
　5.3　日本の産業クラスター
　　　　産業クラスター計画，知的クラスター創成事業

◆ 本章を学ぶと以下の内容をマスターできます

　☞　産業クラスターとは何か
　☞　シリコンバレーの発展の歴史とそのコミュニティ
　☞　日本の産業クラスターの可能性

5. 産業クラスター

5.1　産業クラスターとは

　企業や産業と都市，地域との関係について考えるとき，**産業クラスター**という言葉が一つのキーワードになるだろう。クラスターとは，ぶどうの房，群や集団を意味する言葉である。ここから，産業クラスターとは，産業が集まった状態，すなわち，ある産業に関連した企業，大学などが特定の地域に集まった状態のことをいう。産業クラスターは，地域におけるビジネスのコミュニティということもできる。産業クラスターがある地域において形成されると，その地において特定分野のビジネスが発展するだけでなく，周辺産業もともに発展する可能性が高く，さまざまな波及効果が期待でき，効果は大きい[1]。

　産業クラスターの概念を**図5.1**に示す。

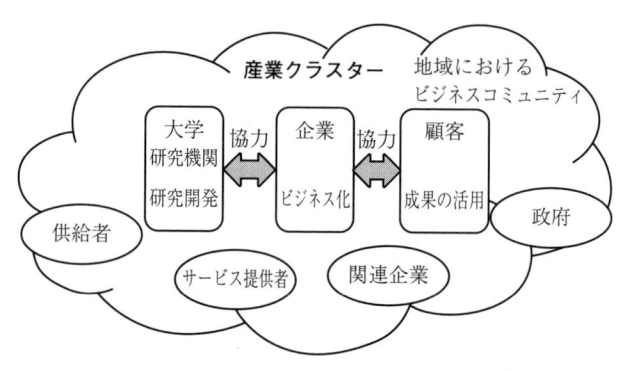

図5.1　産業クラスターの概念〔出所：注釈1），3），39）より作成〕

　経営学者のマイケル・ポーター（Michael Eugene Porter）[2]は，産業クラスターを「共通性と補完性が結びついた，特定分野における地理的に近接した関連した企業および関連組織の集合体」と定義している。さらに，ポーターは，産業クラスターとは，競争し，また協力もしている相互に結びついた企業，専門化した供給者，サービス提供者，関連産業企業，関連制度の地理集中であるともいっている。この集中の結果，企業は競争優位を得ることが可能になる[3]。

　これに対し，日本の経営学者，二神恭一[4]は，産業クラスターの構成要素にはコア産業，連関諸産業，非営利組織（自治体，大学，住民組織など），企

業・組織間競争における協力・補完，社会的インフラ，地理的近接性，文化があると指摘している。コア産業とは，産業クラスターにおいて，中核的な存在になっている産業のことである。連関諸産業とは，コア産業と何らかの取引上の関係があるものである[1]。

では，具体的な産業クラスターにはどんなものがあるのだろうか。ハイテク産業のクラスターとして世界的に有名な産業クラスターとしてはカリフォルニアのシリコンバレー地域が挙げられる。また，ニューヨークはメディア産業における世界の中心地として知られている[5]。

5.2　シリコンバレー

続けて，代表的な産業クラスターの一つである**シリコンバレー**について詳しく見ていこう。シリコンバレーは，サンタクララバレー一帯のことで，海と山に囲まれた地域である。温和な気候で，かつては広大な果樹園が広がっていた。

歴史を見ると，ハイテク産業クラスターとしてのシリコンバレーの発展は**スタンフォード大学**[6]の設立によって始まったということができる。鉄道事業で成功したリーランド・スタンフォード（Leland Stanford）[7]は，若くして亡くなった息子を記念するために1891年に設立したのがスタンフォード大学である。その後，スタンフォード大学は世界にその名を知られる名門校に発展し，著名な卒業生を輩出し続けた。この卒業生のネットワークがシリコンバレー成立に大きな役割を果たした。つまり，スタンフォード大学は，シリコンバレーにおいて，技術者育成のコミュニティとなっていた。さらに，情報発信を行うメディアとしても機能した。加えて，スタンフォード大学は，大学の象牙の塔にとどまることなく，ビジネスにも積極的に関与した。大学が支援，出資した結果，世界的な企業に育った例も多い。その最も初期にして最も成功した例として，つぎに，ヒューレット・パッカード社について見ていこう[1]。

5.2.1 ヒューレット・パッカード社

ヒューレット・パッカード社[8]は，スタンフォード大学で出会ったビル・ヒューレット（William Reddington Hewlett）[9]とデビッド・パッカード（David Packard）[10]が設立した企業である。スタンフォード大学のフレデリック・ターマン（Frederick Emmons Terman）教授[11]指導のもと，二人は大学の特別研究員になり，1939年に同社を創業した。社名を決める際，二人はどちらの名前を先にするかを，コインを投げて決めたという伝説がある。コイン投げにはヒューレットが勝ち，社名はヒューレット・パッカードと決まった。

会社の創業前も創業後も若い二人に対するターマン教授からの支援，アドバイスは続いた。会社ができて間もない頃に，ディズニー社に対して，映画「ファンタジア」で使うオーディオ発振器を売ったことはよく知られている。その後，二人は，第二次世界大戦をはさんで，電気機器の測定・テスト用の機器に焦点を絞ってビジネスを展開し，大きな成功を収めた。そして，しだいに領域を広め，1960年代になるとコンピュータに，1980年代にはプリンター事業にも進出している。

このヒューレット・パッカード社は，イノベーティブな商品群だけでなく，HPウェイと呼ばれる優れた経営姿勢，企業文化を有することで尊敬を集めてきた企業である。卓越した創業者がいる場合，どうしても独裁的な経営スタイルに陥ることが多いが，ヒューレット・パッカード社ではそのようなことはなかった。このHPウェイとは，参加型の経営スタイルのことである。従業員一人ひとりの，個人の自由を尊重する一方で，チームワークを重視している。つまり，経営サイドは従業員に方向性は与えるが，従業員は独自のやり方をクリエイトするように強く求められる。

この経営スタイルにより，ヒューレット・パッカード社は，現在の企業において主流となっている，ネットワーク型の組織のさきがけとなった。また，フラットな組織のさきがけともなった。例えば，経営幹部に与えられる個室や専用駐車場スペースを廃止し，従業員が誰でも使える企業カフェテリアなどをつくった。従業員の自由を尊重し，信頼する姿勢は，米国企業としては初めてフ

レックス勤務制度を導入し，個々人に時間の管理を任せたことからもわかる。この経営手法は非常に大きな成果を生み，ヒューレット・パッカード社は世界的な成功を収めた。なお，同社は1999年に計測器部門をアジレント・テクノロジーとして分割，2002年にはコンパックコンピュータを買収している。

以上のように，ヒューレット・パッカード社は，長年にわたり，多くの革新的な製品を生み出し，高成長をとげてきた。また，その卓越した創業者と経営スタイルもきわめて高い評価を受けてきた。まさに，シリコンバレーを代表する企業であるといえる[12),13)]。

5.2.2 シリコンバレーの時代による変遷

ヒューレット・パッカード社の例においても明らかなように，シリコンバレーはスタンフォード大学を中心的なコミュニティメディアとして発展していったが，時代によって中心となるビジネスは変遷してきた。1950年代においては，東西冷戦のもとで，**軍事産業**が発展した。そして，軍事産業を展開するロッキード社などに多くの人材が集まった。なお，1990年代後半においても，カリフォルニア州は米国国防総省からの受注額は全米トップであった[1)]。

1950年代から1960年代は**半導体**が大きく発展した時代だった。1950年代中盤にはショックレー半導体研究所が設立された。ショックレー半導体研究所を設立したウィリアム・ショックレー（William Bradford Shockley Jr.）[14)]は天才であったが，組織運営については問題があり，ショックレーに失望し反発した多くの若い研究者が彼のもとを離れていった。彼ら離脱した研究者が独立してつくったのがフェアチャイルドセミコンダクター社である。

そうしたなかで登場するのがインテル社である。インテル社は，ショックレー半導体研究所，フェアチャイルドセミコンダクター社を経験したゴードン・ムーア（Gordon E. Moore）[15)]とロバート・ノイス（Robert Norton Noyce）[16)]が1968年に設立した[17)]。そして，のちにインテル社のCEOとなるアンドルー・グローブ（Andrew Stephen Grove）[18)]も三番目の社員として参加している。

インテル社では，参加するメンバーに単なる従業員ではなく，コミュニティの一員であるという経営方針をとり，多くのメンバーにストックオプションを与えた。これはノイスがフェアチャイルドセミコンダクター社時代に強く求めながら実現しなかったことであった。ノイスはインテル社をつくることで，念願を果たしたということができる。しかし，インテル社の企業文化はヒューレット・パッカード社と比較すると，家族的というよりも，自立と責任を強調した競争的なものであった[13),19)]。

さらに，1965年に，インテル社のゴードン・ムーアは「集積回路の集積度は1年で倍増し，それに反比例して製造コストは減少する」という予測を発表した。これは「ムーアの法則」として知られるようになり，急速な技術的進展を表す代名詞となった。なお，ムーアは1975年，「チップに集積されるトランジスタ数は約2年ごとに倍増する」と予測を修正している。

インテル社は優れた広告でも知られており，1991年から採用している「Intel Inside」のロゴは，ともすると消費者からは見えにくい半導体という商材，企業の認知度の向上に大きく貢献した[20)]。なお，インテル社は，2011年においても，世界半導体売上高ランキングにおいて20年連続で第1位の地位を保っている[21)]。

5.2.3　コンピュータ，インターネットの時代へ

さて，シリコンバレーも1970年代を迎えると，半導体企業の事業が多様化していった。半導体を活用してさまざまな産業が発展するが，1970年代に登場した**コンピュータ**は人々の生活を大きく変えるものになった。

過去のコンピュータの歴史を振り返れば，1951年にリリースされた最初の商用デジタルコンピュータであるUNIVAC Iは，52 000本の真空管を用いた，29 000ポンド（約12.6トン）の重さを持つ，非常に大きなものであった。コンピュータの中心は，ビジネスに使われる大型の集中型コンピュータであり，IBM社などのメインフレームメーカーが提供するマシンによって，バッチ処理またはリアルタイム方式でアプリケーションを処理することを特徴としてい

5.2 シリコンバレー

た[22]。

　1970年代にはメインフレームのほかにミニコンという小型で安価なコンピュータが生まれた。ミニコンのセグメントには多くのメーカーが参入してメインフレームに対抗する市場を形成していた。大手のメーカーとしてはDEC社，ヒューレット・パッカード社などがあって，それぞれ独自のコンピュータをつくっていた。

　現在のパーソナルコンピュータは，1973年にゼロックスパロアルト研究所で開発された，アルト（Alto）として世の中に姿を現した。しかし，そのような機能，開発の成果が，市場に出回る商品として提供されるようになるのは，10年以上あと，1983年，1984年にリリースされた，アップルコンピュータ社[23]のリサ（Lisa）およびマッキントッシュ（Macintosh）からとなった[22]。

　アップルコンピュータ社は，スティーブ・ジョブズ（Steve Jobs）[24]とスティーブ・ウォズニアック（Stephen Gary Wozniak）[25]により，1976年に設立された。ここに，パーソナルコンピュータ時代の幕が上がった。1981年にはIBM PCが発表され，1982年にはマイクロソフト社のオペレーティングシステム，MS-DOSが発表された。2010年の全世界でのパソコン出荷台数は約3億4700万台に上り，アップル社，ヒューレット・パッカード社，デル社などが高いシェアを占めている。さらに，2010年以降は，アップル社が発表したアイパッド（iPad）をはじめとするタブレットPCの登場により，新たな市場が開拓されつつある[26]。

　1980年代になると，ネットワークやソフトウエアの重要性が増してきて，シスコ社やオラクル社が成長を始めた。さらに，1990年代になり，インターネットが広く一般に普及するに従い，グーグル（Google）社[27]，フェイスブック社[28]などが生まれ，多くの利用者を集めて事業を展開している[1],[29]。

　このうち，グーグル社は検索エンジンを核に，広告事業で大きな売り上げを得るに至った。グーグル社は1995年にラリー・ペイジ（Lawrence Edward Page）[30]とセルゲイ・ブリン（Sergey Brin）[31]がスタンフォード大学で出会ったことを契機に，1998年に設立された。2001年にプロフェッショナル経営者

であるエリック・シュミット（Eric Emerson Schmidt）[32]を迎えたことで発展にはずみがついた。大学のような職場で，社員は全勤務時間の20％を好きな研究開発に充てられるなどの自由な社風で知られ，継続的なイノベーションにより非常に高いブランドイメージをつくり出した。2006年には動画共有サイトユーチューブ（YouTube）[33]を買収するなど，収益源の多様化を図っている。なお，グーグルは，米国のサイト訪問者数シェアのランキングでは2009年までトップであったが，2010年にはフェイスブックにその座を明け渡した[34]。

5.2.4 シリコンバレーの生活とコミュニティ

では現在のシリコンバレーはどのような場所であり，どのようなコミュニティが展開しているのだろうか。渡部千賀によれば，2006年時点では，人口240万人，就業人口115万人のうち33万人が技術系の仕事をしている。シリコンバレーには外国出身の人が38％と多く，人種的にも多様性に富んでおり，白人40％，アジア系33％，ヒスパニック23％となっている。ここには，有名な企業の創業者とならないまでも，多くのチャンスがあり，エンジニアであれば900万円，スタッフエンジニアであれば1 300万円程度の年収が期待できる。経験がない新卒であっても，学士で800万円程度，修士で900万円程度，博士号所有者であれば1 000万円程度が初任給で得られる可能性が高い[35]。

シリコンバレーは，日本とまったく違う基準で動いている。梅田望夫によれば，米国のほかの地域の基準とも，グローバルな基準とも違う，**シリコンバレースタンダード**，シリコンバレー精神とでもいうべきものに基づいて動いている[36]。シリコンバレー精神とは，起業家精神，オープン性，実力主義，オプティミズムなどの言葉で説明することができる[37]。

シリコンバレーにおいてはコミュニティのあり方もほかの地域とは異なる。日本においては，ビジネスの世界では，所属する企業の人間関係が重要であるが，シリコンバレーでは，人材の流動性がきわめて高いので事情が異なる。たとえその会社を辞めてしまっても，ゆるやかな結びつきは長く続いていく。もちろん，スタンフォード大学のコネクションを中心に，出身大学を同じくする

人々のコミュニティの存在感は大きいが，それだけではなく，同じテーマを共有する人々が，たとえライバル企業に所属していようとも，個人としての信頼関係によって，ゆるやかに，しかし強い結びつきをもって，コミュニティを形成している。

こうした，地域の社会的ネットワークとオープン性によって，企業どうしは激しく競争する一方で，非公式のコミュニケーションとコラボレーションを通じて，市場と技術の変化を学び，また，新たな価値を生み出すことに成功している[13],[38]。

5.3　日本の産業クラスター

本章の最後に，日本の産業クラスターの状況について見ていこう。日本政府は，競争力を強化し，経済を再生させる可能性を秘める産業クラスターに大きな期待を寄せている。そして，**産業クラスター計画**（経済産業省）や**知的クラスター創成事業**（文部科学省）などを進めてきた。そのうち，経済産業省が主導する産業クラスター計画は，2001年度に開始されたもので，地域の産業集積を活性化し，産業クラスターの構築を目指していた[1]。

この背景には，1980年代までは，世界をリードしてきた日本の企業のビジネスモデルが，産業構造の変化，すなわち，モジュール化，グローバル化，サービス化などにより有効ではなくなった結果，20年に及ぶ不況に陥ってしまい，必死でその打開策を求めているという事情がある。日本ではシリコンバレーのようなモデルは実現不可能であろうという批判はあるものの，産業クラスターを発展させることは日本にとって特に重要であるのにはいくつかの理由がある。まず，日本では従来から，企業が協力する風土があり，この協働が産業クラスター形成上，重要な意味を持つからである。しかし，これまで，日本企業は中央政府主導の地域振興政策に従う形で協働を行うことが多かった。現在必要とされるのはそのような形の協働ではなく，企業自身の自主性，また，地域の人々やコミュニティの協力を得たうえでの協働であることには注意がい

る[1),39)]。しかし，産業クラスターの形成は一朝一夕にはいかない。クラスター開発には時間がかかる。クラスター間の競争もかかせない[1),39)]。

最後に，日本における産業クラスターの例として，アニメーション産業のクラスターを紹介する。日本のアニメーションは，世界的に人気が高く，将来的には日本経済を支える産業の一つとして期待がかかっている。しかし，日本のアニメーション産業は必ずしも恵まれた状況にはない。十分な制作費が確保できないことが多く，社員への待遇が極端に悪くなりがちで，人材も不足している。このため，多くのアニメスタジオを抱える東京都の杉並区は，アニメーション産業への支援を行うことを決め，「杉並アニメ振興協議会」を発足させた。そして，アニメ産業が抱える課題に取り組み，新しい事業展開を促進すると同時に，イベントの開催や地域への貢献を通していくことで，日本のアニメ産業全体の活性化を図っている。こうした活動は一夜にして結果が出るものではないが，粘り強く活動を続けることで大きな成果が出るものと思われる[40)]。

▼**本章のまとめ**▼

本章では，企業，産業に注目し，企業，産業と都市の関係について述べた。産業クラスターとは，ある産業に関連した企業，大学，などが特定地域に集まった状態のことをいう。ハイテク産業のクラスターとして世界的に有名なのはカリフォルニアのシリコンバレーであった。シリコンバレーの発展はスタンフォード大学の設立によって始まったが，中心となるビジネスは，軍事産業，半導体，コンピュータ，インターネットと変遷してきた。シリコンバレーでは激しい競争が行われているが，個人としては，信頼関係によって，ゆるやかに，しかし強い結びつきをもって，コミュニティを形成していた。日本でも産業クラスターの形成に向けた動きがいくつかあるが，いまだ発展の途上にあり，今後の発展が待たれる。

演習問題

〔5.1〕 産業クラスターについて説明しなさい。
〔5.2〕 シリコンバレーの発展の歴史とそのコミュニティについてまとめなさい。
〔5.3〕 日本の産業クラスターの可能性について論じなさい。

注 釈

1) 二神恭一：産業クラスターの経営学，中央経済社（2008）
2) 1947年～。米国の経営学者。ハーバード大学教授。著書に『競争の戦略』など。
3) マイケル・ポーター著，土岐伸ほか訳：国の競争優位，ダイヤモンド社（1992）
4) 早稲田大学名誉教授，あらかわ経営塾長。著書に『参加の思想と企業制度』，『産業クラスターの経営学』など。
5) 経済産業省「産業クラスター計画（地域再生・産業集積計画）について」(http://www.meti.go.jp/topic/data/e20308aj.html)
6) スタンフォード大学（http://www.stanford.edu/）
7) 1824～1893年。セントラルパシフィック鉄道を設立し，カリフォルニア州知事を務めた実業家・政治家。スタンフォード大学創設者。
8) ヒューレットパッカード社（http://www.hp.com/）
9) 1913～2001年。ヒューレット・パッカード社の共同創業者。
10) 1912～1996年。ヒューレット・パッカード社の共同創業者。
11) 1900～1982年。スタンフォード大学教授。シリコンバレーの父と呼ばれる。
12) デービッド・パッカード著，伊豆原弓訳：HPウェイ，日本経済新聞社（2000）
13) アナリー・サクセニアン著，山形浩生ほか訳：現代の二都物語，日経BP社（2009）
14) 1910～1989年。米国の物理学者，発明家。トランジスタを発明し，1956年ノーベル物理学賞を受賞。
15) 1929年～。インテル社の設立者の一人。「ムーアの法則」で知られる。
16) 1927～1990年。フェアチャイルドセミコンダクター社とインテル社の創業者の1人。シリコンバレーの主と呼ばれた。
17) インテル社（http://www.intel.com/jp/index.htm）
18) 1936年～。ハンガリー系米国人の実業家。インテル社元CEO。
19) 枝川公一：シリコン・ヴァレー物語，中公新書（1999）
20) インテル社：インテルの歩み（http://www.intel.com/jp/intel/history.pdf）
21) EE Times：2011年の世界半導体売上高ランキング，IntelがSamsungに大差を付けてトップに（2011）(http://eetimes.jp/ee/articles/1112/06/news028.html)
22) 菅沼貞信：モバイルコンピューティングに関する研究～タブレットを中心に～，東京工科大学メディア学部2011年度卒業論文
23) アップル社（http://www.apple.com/jp/）
24) 1955～2011年。アップル社元CEO。
25) 1950年～。アップル社共同設立者。
26) CNN：アップルのジョブズ氏，革新を主導したカリスマ創業者（2011）(http://www.cnn.co.jp/tech/30004188-2.html)

マーチン キャンベル - ケリーほか著，山本 菊男訳：コンピューター200年史，海文堂 (1999)
Wikipedia「Alto」(http://en.wikipedia.org/wiki/Alto)
Wikipedia「Lisa」(http://ja.wikipedia.org/wiki/Lisa)
Wikipedia「Macintosh」(http://ja.wikipedia.org/wiki/Macintosh)
Wikipedia「AppleⅡ」(http://en.wikipedia.org/wiki/Apple_II)
BCN：パソコン業界（2011年9月）(http://biz.bcnranking.jp/map/pc/)
IDC Japan (http://www.idcjapan.co.jp/top.html)
MM総研 (http://www.m2ri.jp/index.php)
ICT総研 (http://www.ictr.co.jp/)
大河原克行の「パソコン業界，東奔西走」2010年度PC市場動向を各社業績と調査データで振り返る (http://pc.watch.impress.co.jp/docs/column/gyokai/20110530_448955.html)
Wikipedia「Dynabook」(http://ja.wikipedia.org/wiki/Dynabook)
MacテクノロジIー研究所：iPadはまさしくアラン・ケイの夢見たDynabookの実現か？(http://www.mactechlab.jp/from-mactech-with-love/11015.html)
Wired：『iPad』はUIをどう変えるか：アラン・ケイが夢見たビジョン (http://wired.jp/wv/2010/02/03/%E3%80%8Eipad%E3%80%8F%E3%81%AFui%E3%82%92%E3%81%A9%E3%81%86%E5%A4%89%E3%81%88%E3%82%8B%E3%81%8B%EF%BC%9A%E3%82%A2%E3%83%A9%E3%83%B3%E3%83%BB%E3%82%B1%E3%82%A4%E3%81%8C%E5%A4%A2%E8%A6%8B%E3%81%9F/)

27) グーグル (https://www.google.com/)
28) フェイスブック (http://www.facebook.com/)
29) 文部科学省：米国のクラスターにおける取組 (http://www.mext.go.jp/b_menu/hakusho/html/hpaa200601/column/011.htm)
八木博：シリコンバレー起業家精神の原点 歴史編（2008）(http://www.imanetinc.com/blog/2008/01/sv01.html)
30) 1973年～。グーグル社の共同設立者。
31) 1973年～。グーグル社の共同設立者。
32) 1955年～。グーグル社の元CEO。
33) ユーチューブ (http://www.youtube.com/)
34) グーグル (http://www.google.com/)
週刊東洋経済（2008年9月27日号）
日本経済新聞（2011年1月10日）
35) 渡部千賀：ヒューマン2.0，朝日新聞社（2006）
36) 一橋大学イノベーション研究センター：イノベーション・マネジメント入門，日本経済新聞社（2001）
37) 梅田望夫：シリコンバレー精神，ちくま文庫（2006）
38) 金井壽宏：企業者ネットワーキングの世界，白桃書房（1994）
39) 石倉洋子ほか：日本の産業クラスター戦略，有斐閣（2003）
40) 労働政策研究報告書：コンテンツ産業の雇用と人材育成―アニメーション産業実態調査―（平成17年）(http://www.jil.go.jp/institute/reports/2005/025.html)
杉並アニメ振興協議会 (http://www.suginamianime.com/)

6章 地域メディアを活用したコミュニケーション

◆ 本章のテーマ

　第Ⅰ部では，まず，歴史をさかのぼり，地域コミュニティとしての都市がどのように発展してきたのか，市民とは，ソーシャルキャピタルとは何かについて見たあと，クリエイティブシティについて確認し，地域コミュニティによる文化の形成と支援と産業クラスターについて見た。本章は，第Ⅰ部の最後の章として，こうした都市における，地域メディアを活用したコミュニケーションについて確認する。
　マスメディアは重要ではあるが，現代人は多様な関心を持っており，興味は細分化しつつある。地域に密着した情報が欲しいという要望に対して応えるメディアも必要とされている。地域密着メディアとしてはケーブルテレビ，コミュニティFM，地域ソーシャルメディアが挙げられるので，それらの詳細について見ていく。

◆ 本章の構成（キーワード）

6.1 マスメディアの衰退と地域に密着したメディア
　　　マスメディア
6.2 ケーブルテレビ
　　　ケーブルテレビ，パブリックアクセスチャンネル
6.3 コミュニティFM
　　　コミュニティFM，災害
6.4 地域ソーシャルメディア
　　　地域ソーシャルメディア

◆ 本章を学ぶと以下の内容をマスターできます

☞ マスメディアの衰退
☞ ケーブルテレビの特徴
☞ コミュニティFMの特徴
☞ 地域ソーシャルメディアの特徴

6.1 マスメディアの衰退と地域に密着したメディア

　最初に，メディア一般の変化について確認する。いわゆる**マスメディア**と呼ばれる，新聞，雑誌，テレビは，読者・視聴者の減少が続いている。新聞は，発行部数の減少に歯止めがかからない。雑誌に関しては，月刊誌・週刊誌ともに1997年にピークを迎え，以降減少が続いている。テレビは，新聞，雑誌と比較すると健闘しているが，視聴率が低下しており，集中して見る人は減っている[1]。テレビに関しては，低コストな番組ばかりが増え，番組の質そのものが低下しているとの指摘もある[2]。

　全国に一斉に知らせることのできる巨大なマスメディアの存在は，いまだに重要ではあるが，現代人は多様な関心を持っており，興味は細分化しつつある[3]。例えば，バラエティやワイドショーなどには関心はないが，コンピュータサイエンスに関する専門的な番組ならば見たいという人もいるだろう。地域に密着した情報が欲しいという人もいるだろう。そうした要望に対して応えるメディアとしてはインターネットをすぐに思い浮かべることができるが，それ以外にも地域に密着したメディアがある。本書の第I部では，地域とメディアの関係を扱っているので，つぎに，地域に密着したコミュニティメディアとして，ケーブルテレビ，コミュニティFM，地域ソーシャルメディアについて詳細に見ていく。

6.2 ケーブルテレビ

　ケーブルテレビとは，同軸ケーブルや光ファイバによる有線テレビジョン放送のことである。日本のケーブルテレビは，1955年に伊香保町に設置されたものが最初とされており，当初は地上波放送の難視聴対策がおもな目的であったが，近年では1本のケーブルを通じてBS放送・CS放送・地上波デジタル放送などの多チャンネル放送サービス，インターネットアクセスサービス，電

話サービスなどの複合サービスを提供している.日本における加入世帯数は1 913万世帯,世帯普及率は38％（2005年度末）である.なお米国における加入世帯数は6 610万世帯,世帯普及率は58％（2004年末）である[4]．

ケーブルテレビの大きな特徴は,地域に密着した番組制作が可能な点にある．例えば,多摩地域のケーブルテレビ局で放送されている地域番組「多摩探検隊」[5]は,地元の中央大学の学生が制作している.この番組は,東京キー局が扱わない多摩地域に埋もれている話題,人物,物語を掘り起こし,それにまつわる感動を伝えていこうというコンセプトで制作されている[6]．

さらに,ケーブルテレビには,**パブリックアクセスチャンネル**という,市民が誰でも番組を制作することができる枠が置かれている.米国では,1972年にFCC（米国連邦通信委員会）が地域のケーブルテレビ局にパブリックアクセスチャンネルの設置を求めたことで普及が始まり,市民によるメディア活動が活性化した[6]．日本では,鳥取県米子市の中海テレビ放送[7]が1992年,パブリックアクセスチャンネルを初めて設置し,地域イベント,小学校の遠足の様子などが放送され,地域の活性化に一役買ってきた.ただし,パブリックアクセスチャンネルで放送する番組をより多くの市民に制作してもらうためには課題もある.撮影をしてもらうためには,操作が簡単で安い機材の提供や,映像制作のスキルを市民に教えることも必要になる場合がある[6]．

しかし,これまでのケーブルテレビに関する研究では,地域情報を伝えるパブリックアクセスチャンネルなどのコミュニティベースの地域番組の視聴率は低いことがわかっている.視聴者がケーブルテレビに加入する場合,地域番組を目当てに加入することはまれであり,ほとんどの人が,地上波にはない多チャンネルを楽しみたいとか,インターネットを使いたいという動機で加入している[8]．ケーブルテレビ局は,これらの,地域情報に期待していなかった視聴者にも有用な地域情報を提供する必要があるが,そのためにできることは,まず,地域に徹底的に密着することであると思われる[6]．

6.3 コミュニティFM

二つ目の地域コミュニティメディアとして，**コミュニティFM**を紹介する。コミュニティFMとは，市町村などを放送対象地域とし，出力を20W以下で放送を行うFMのことである[9]。1992年に制度化され，同年北海道函館市に設立されたFMいるか（北海道函館市）[10]が日本における第一号のコミュニティFMである。制度化当初は，放送対象地域は市町村単位で1局のみ，出力は1W，放送免許が認可されるのは株式会社もしくは第三セクターに限るというような規制があった。しかし，1995年の阪神淡路大震災以降，地域において非常時の情報メディアを確保しておくことの重要性が広く認識されるようになり，市区町村における複数開局，出力を20Wまで増強，さまざまな団体による開局が可能になるなど，規制緩和が進んだ。

コミュニティFMはメジャーなFMに比べると資金などに欠けることが多いが，地域に密着したメディアならではのきめ細やかな情報提供や，地元のスポーツチームの応援番組など，コミュニティに特化した番組づくりで差別化を図っている。

コミュニティFMは地味な存在であったが，その意義が見直されたのは上述したように，**災害**時の対応によってであった。1995年の阪神淡路大震災以後，災害時の地域における重要なメディアとしての認知が高まった。2004年に発生した新潟県中越地震では，情報が錯綜し不足するなかで，コミュニティFMであるFMながおか[11]が，被災者に対してきめ細かい安否情報，生活情報などを提供し存在感を示した。地震発生後，東京中心のメディアからは大量の情報が発信されたが，災害地にいる被災者のニーズに応えるものではなかった。被災地で必要な情報は，大所高所からの分析や識者の意見ではなく，避難所情報，ライフラインの復旧予定などの情報，さらには，入浴施設などの情報だったのである[12]。こうしたきめ細やかな情報提供は，コミュニティFMならではのものであった。続く2011年に発生した東日本大震災でもコミュニティFMが被災者の生活にとって重要なメディアとして活躍した。

なお，災害時には，情報伝達だけでなく，精神的なサポートもコミュニティFMの重要な役割となる。阪神淡路大震災のとき，被災した多くの外国人がラジオから流れてくる母国の音楽に心を癒されたといわれている。被災者の多くが，不安を抱いているとき，ラジオから流れてくる母語の肉声や音楽は大きな支えとなった[12]。しかし，災害時に的確な情報提供を行うのは簡単なことではない。災害が起こったときにあわてても，十分な情報提供はできない。つね日頃から，準備を重ねておく必要がある。例えば，災害時に行政側の担当者からの情報伝達を迅速に行えるよう，日頃からコミュニティFMの番組に担当者を招いて話してもらう機会を設けるなどの準備が有効である[12]。

6.4　地域ソーシャルメディア

　三つ目の地域コミュニティメディアとして**地域ソーシャルメディア**を紹介する。ソーシャルメディアとは，個人が情報を発信し，形成していくメディアのことをいう。ブログやソーシャルネットワーキングサービス（SNS）などが具体的な形態として提供されている。地域においても，人と人とのつながりを形成するのに有用なメディアであるといえる。

　自治体として国内で始めてSNSを開設したのは，熊本県八代市の「ごろっとやっちろ」[13] であるといわれている。ここは，市民どうしの情報交換ができる場として企画された。その後，総務省の主導で地域コミュニティをSNSで活性化しようとした実験が行われたりしたが，現時点では地域ソーシャルメディアは必ずしも活性化していない[14]。ソーシャルメディアにおいては地域というよりも人と人とのつながりが重要であり，その広がりはグローバルであるため，運営が難しいという面があるだろう。しかし，地域においてソーシャルメディアが活用できないということではなく，さまざまな工夫を凝らす必要があるということができる。佐賀県武雄市役所のように，フェイスブックを活用し，担当課まで設置して市民とのコミュニケーションを行っているところもあり，今後の発展が期待される[15]。

6. 地域メディアを活用したコミュニケーション

▼本章のまとめ▼

本章では，第Ⅰ部の最後の章として，都市における，地域メディアを活用したコミュニケーションについて確認した。マスメディアは重要ではあるが，現代人は多様な関心を持っており，興味は細分化しつつあった。地域に密着した情報がほしいという要望に対して応えるメディアも必要とされていた。地域密着メディアとしてはケーブルテレビ，コミュニティFM，地域ソーシャルメディアが挙げられた。ケーブルテレビには市民が誰でも番組を制作することができる枠があり，活用されていた。またコミュニティFMは，災害時に強みを発揮していた。地域ソーシャルメディアは試行錯誤の時期にあるが，さまざまな工夫を凝らすことで発展の可能性を持つことがわかった。

演 習 問 題

〔6.1〕 マスメディアの衰退について論じなさい。
〔6.2〕 ケーブルテレビの特徴についてまとめなさい。
〔6.3〕 コミュニティFMの特徴についてまとめなさい。
〔6.4〕 地域ソーシャルメディアの特徴についてまとめなさい。

注 釈

1) 横山隆治ほか：世代広告コミュニケーション，翔泳社（2007）
2) 池田信夫インタビュー：通信と放送の未来（2006）(http://facta.co.jp/blog/archives/20061211000290.html)
3) 橋場義之,佐々木俊尚,藤代裕之：メディア・イノベーションの衝撃,日本評論社（2007）
4) 青山学院大学大学院国際マネジメント研究科：国際マネジメント事典,中央経済社（2007）
5) 多摩探検隊（http://www.tamatan.tv/about/）
6) 松野良一：市民メディア論，ナカニシヤ出版（2005）
7) 中海テレビ放送（http://www.chukai.ne.jp/）
8) 川島安博：日本のケーブルテレビに求められる地域メディア機能の再検討,学文社（2008）
9) Wikipedia「ラジオ」(http://ja.wikipedia.org/wiki/ラジオ)
10) FMいるか（http://www.fmiruka.co.jp/）
11) FMながおか（http://fmnagaoka.com/fm/）
12) 金山智子：コミュニティ・メディア，慶應義塾大学出版会（2007）
13) ごろっとやっちろ（http://www.gorotto.com/）
14) ITmedia：SNS化で復活した自治体サイトごろっとやっちろ（http://www.itmedia.co.jp/news/articles/0511/11/news042.html）
NIKKEI Digital CORE：手作りSNSがコミュニケーションを活性化（http://www.nikkeidigitalcore.jp/archives/2006/11/28sns.html）
15) 武雄市役所Facebook（http://www.facebook.com/takeocity）

第Ⅱ部

関心に基づくコミュニティ

　第Ⅱ部では，関心に基づくコミュニティとそのメディアについて論じる。さまざまな関心に基づき，人々はコミュニティとメディアを形成し，社会的な活動を繰り広げている。そのなかから，非営利団体のコミュニティ，医療のコミュニティ，プロフェッショナルコミュニティ，企業における知識コミュニティを取り上げ，詳述する。

7章 非営利団体による社会活動

◆ 本章のテーマ

　第Ⅱ部では，関心に基づくコミュニティとそのメディアについて論じる。本章はその最初の章として，公益の追求を行う市民の非営利団体による社会活動について扱う。複雑化した現代社会において，人権保護上の，福祉上の，国際平和上の，あるいは文化上の課題への対処は，政府や企業よりも，公共の立場に立つ市民および市民のコミュニティが行うことが望ましいことがある。こうした現代社会の問題を解決しようとするとき，市民がNGOやNPOをつくり活動する例はよく見られる。このうち，NGOとは，非政府，非営利の立場に立った市民が主導する自律的な組織で，国際的な課題に対して公益的な活動を行う組織のことである。本章では，非暴力平和隊のケースを主として取り上げその活動を見ていく。NPOに関しては，企業などとの連携を通じてしっかりとした経済基盤を築くことに成功した例を取り上げる。また，企業側から見た社会貢献活動の意義についても扱う。

◆ 本章の構成（キーワード）

7.1　市民と公共
　　　公共，NGO，NPO
7.2　NGOとは何か
　　　赤十字運動
7.3　現代のNGOによる活動
　　　アドボカシー型NGO，開発協力
7.4　非暴力平和隊
　　　非暴力平和隊，非暴力，マハトマ・ガンディー，
　　　マルチン・ルーサー・キング牧師
7.5　NPOとは何か
　　　特定非営利活動促進法，ソーシャルマーケティング

◆ 本章を学ぶと以下の内容をマスターできます

☞　公益の追求を行う市民の非営利団体による社会活動
☞　NGOの概要とその活動内容
☞　NPOの概要とその活動内容
☞　ソーシャルマーケティングとは何か

7.1　市民と公共

　市民のコミュニティは，現代社会が抱える大きな課題を**公共**の立場から解決しようとしている。しかし，この公共の立場とはいったい何であろうか。

　現代社会を俯瞰的に見てみると，政府，企業の存在が際立って大きいことがわかる。しかし現代社会には，政府の論理や，企業の論理では解決することのできない課題が多く発生している。政府は基本的に国民国家を維持することを目的に動いており，企業は市場の原理によって動いている。過去には，こうした政府と企業のみの主導で社会を動かすことができた時代もあった[1]。

　しかし，複雑化した現代社会においては，人権保護上の，福祉上の，国際平和上の，あるいは文化上の課題が非常に増えている。こうした課題への対処は，公共の立場に立つ市民および市民のコミュニティがあたることが望ましい[2]。とはいえ，政府と企業へ期待される役割も依然として大きい。つまり，政府，企業，市民が協力し，いかに役割分担するかについて考えることが，現代社会では重要になってきている[3]。

　さらに，現代社会においてもう一つ忘れてはならないのが，地域，国家，国際社会という，三つのパワーである。過ぎ去った時代において，人々は，地域，そして，国の範囲内で生活していた。しかし，現代社会においては，人々，そして情報は，国の境を越え，移動し，活動している。地域も，中央政府の末端組織としての役割を果たす場というより，市民が自ら公益のために活動する場となりつつある。ゆえに，今後は，地域，国家，国際社会の三つのレベルでいかに，政府，企業，市民が活動できるかが課題になるだろう[1]。

　つぎに，市民がどのように社会のために活動しているかについて見ていく。

　意識の高い市民が中心となって現代社会の問題を解決しようとするとき，非営利団体をつくるというのは比較的よく見られる選択肢である。非営利団体の主な形態には **NGO**（Non-Governmental Organization，非政府組織）と **NPO**（Nonprofit Organization，特定非営利活動法人）がある。NGOとNPOはともに政府機関ではなく，企業のような営利団体でもないところは共通している。

7. 非営利団体による社会活動

NGOとNPOの違いについては，国際的な活動をしているか，国内の活動中心であるかで判断する場合がある。また，非政府性を強調する際にはNGO，非営利性を強調する際にはNPOと呼ぶ場合もある。さらに，基づく法律がNGOは国連憲章第71条であるのに対し，NPOは特定非営利活動促進法であることで区別することもある。しかし，世界的には，NGOとNPOを区別せずNGOと一括して呼ぶ場合が多い[4),5)]。NGOとNPOは，関心を共有する市民をつなぐコミュニティであり，また，活動の成果を社会に発信するメディアとなっているということもできる。これらの概念について**図7.1**に示す。

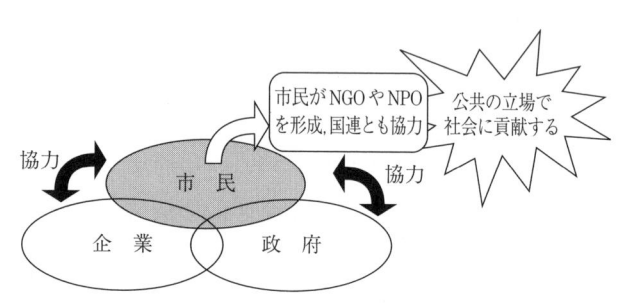

図7.1 現代社会における三つのパワーと公共
〔出所：注釈1)〜5) より作成〕

7.2　NGOとは何か

　まず，NGOについて詳しく見ていこう。NGOという言葉は，国際連合（国連）が最初に用いた用語である。国連は，非政府の非営利団体をNGOと呼び，協力関係をつくってきた。国連が協力関係を結んでいるNGOには，宗教団体，社会運動団体，労働団体，経済・業界団体，民族・地域団体，専門家集団など，多様な団体が含まれている。しかし，一般にNGOとは，非政府，非営利の立場に立った市民が主導する自律的な組織で，国際的な課題に対して公益的な活動を行う組織のことである[5)]。政府や企業でも公益，利他主義という価値は重要であるが，NGOの場合にはそれが最も重要な目標，価値である点に特徴があるということができる。

つぎにNGOの歴史について確認しておこう。重田康博によるとNGOは，18世紀後半頃にヨーロッパのキリスト教関係者，教会によって設立された団体から始まったと考えられている。特に，当時，宗主国であった国の人々が，その植民地で活動する事例が多く見られた。例えば，イギリスのキリスト教関係団体がインドで活動するなどの事例がある。20世紀になると旧宗主国の国民としての植民地への贖罪意識や，キリスト教的博愛精神が彼らの活動をさらに活発にした。さらに，20世紀後半以降は南北問題や人権侵害，紛争などの課題に対し，人道主義的立場，市民の立場からの援助を行うようになった[6]。

一方，日本において市民主導のNGOが本格的な活動を行うようになったのは1960年代以降になってからである。この活性化のきっかけとなったのは，1970年代の，インドシナ難民への救援活動であったといわれている[6]。

つぎに国際的かつ古い歴史を持つNGOとして，**赤十字運動**[7]について説明する。赤十字運動の生みの親はスイス人のアンリ・デュナン（Jean Henri Dunant）[8]である。デュナンはイタリア統一戦争の際，けがや病気を負った人に関しては敵味方の区別なく生命を救わなければならないと考え，救護した。この経験をもとに，1862年，デュナンは著書の中で，救護団体を各国に組織すること，国際条約を締結する必要性について主張した。このデュナンに賛同した人々によって，1863年に，欧州16か国の代表からなる国際会議が開催され，赤十字規約が採択され，さらに，翌年に最初のジュネーブ条約が締結された[6]。1919年には，平時事業を担当する国際赤十字・赤新月社連盟が創設された。その後の赤十字の活動は，赤十字の基本原則に基づき，赤十字国際委員会と，国際赤十字・赤新月社連盟という二つの国際機関および各国赤十字・赤新月社の相互の協力体制のもとに運営されている[6]。

7.3 現代のNGOによる活動

つぎに，現代のNGOと国連，政府の関係について詳しく見ていこう。

最初に国連との関係について説明する。NGOは非営利，非政府の民間組織

であるが，国際条約でつくられた政府間機構との強い連携によって運営されている。国連は，国連憲章第71条において，NGOとの協力について定めている。さらに，国連NGO協議制度を通じて，国連はNGOの持つ専門的知識，能力に基づく情報，助言を得る体制を整えている。具体的には，NGOに，ユネスコ，ユニセフなどの国連機関と協議する資格を国連は与えている。2006年現在，この取り決めによる協議上の地位を持つNGOは2,719団体あり，これらのNGOは，国連の依頼を受けて特別研究を行ったり，国連文書の入手，図書館や会議場の利用などが可能になっている[10]。

続けて，政府との関係について説明する。各国の政府も，1980年代以降，NGOとの協力を強力に促進するようになった[4),9)]。先進国ではNGOが政府開発援助（ODA）の予算の20％程度を使っていることが多い。

しかし，日本ではNGOは組織的にも財政的にも弱く，人材が不足していることに加え，政府からの資金についても少ない額しか投入されていない。また政府からNGOへの支払いは，プロジェクトの完成後に支払われる方式であるため，NGOはプロジェクト実施中の資金のやりくりに非常に苦労している[10]。

また，日本では，政府に対するNGOの政策提言力は高くはないが，欧米では政策決定におけるNGOの発言力が高く，**アドボカシー型NGO**と呼ばれるNGOがさまざまな分野で多数存在している。アドボカシー型NGOとは，市民の立場から，政府に働きかけていくNGOのことを指す。

NGOが行ったアドボカシーの成功例としては，ジュビリー2000（Jubilee 2000）がある。ジュビリー2000とは，重債務貧困国の債務削減キャンペーンのことである。ジュビリーは，旧約聖書にある50年おきの特別の安息年を指す。伝統的に，この年には奴隷解放，負債免除などの施しが行われることになっていた。2000年は，この聖年と2000年紀が重なる大聖年にあたる。これを期して，運動は始まった[11]。結果として，2000年のG8サミットで，各国首脳が債務放棄に合意するという成果を出すことができている[5]。

以上のように，NGOと国連，政府の連携は現代社会において大きな課題である。複雑化する現代社会の問題の解決には，これらの協力関係が不可欠であ

る。協力関係を成立させるためには，NGO と国連，政府の3者は国際社会の課題を共有したうえで，それぞれの責任を果たしながらパートナーシップを構築していく必要がある[5]。

つぎに，現代の国際的な NGO が行っている**開発協力**について確認していく。開発協力は NGO にとって非常に重要なミッションである。NGO による開発協力は段階によって大きく，緊急援助，紛争予防・平和構築，参加型開発の三つに分けることができる。

一つ目の緊急援助とは，戦争や自然災害によって被害にあった被災者の生命を守るため，救援物資の提供など最も急がれる支援を，必要な地域にできるだけ早く行おうとする活動のことである[6]。これに対し，二つ目の紛争予防・平和構築とは，まず，紛争が起こりそうな，一触即発の地域において，その発生の可能性を可能な限り小さくしていく活動を指す。残念ながら紛争が起こってしまった地域においては，紛争拡大をできるだけ小さくしようと努力する。さらに，紛争によってその地域が受けた被害を迅速に修復し，地域が発展できるようにサポートを行う活動のことである。三つ目の参加型開発とは，NGO が開発を行うにあたり，受益者となる地域住民が，そのプロジェクトへ主体的に参加するような活動である[6]。こうした地域住民との協力にあたっては，相手を，助けてあげる対象，かわいそうな相手として扱わず，対等なパートナー，イコールパートナーととらえて推進することが重要である[10]。

NGO の活動例を**表 7.1** に示す。

表 7.1 NGO の活動例〔出所：注釈 6)〜22) より作成〕

団体名	活動内容
国際赤十字・赤新月社連盟	自然災害・緊急災害時の被災者および国内避難民等に対する救援活動
非暴力平和隊	地域紛争の非暴力的解決のための活動
国際平和旅団	非暴力による第三者介入により非暴力的解決を促進
Witness for Peace	非暴力による平和，正義，持続的な経済発展を支援する活動

7.4　非暴力平和隊

つぎに，紛争予防・平和構築，参加型開発を目指す国際的な NGO のケースとして**非暴力平和隊**について詳述する[12]。

なお，以下の記述は，主として非暴力平和隊・日本理事である大橋祐治氏[13]の，東京工科大学メディア学部「コミュニティメディア論」における特別講演の内容（2011 年 6 月 7 日）によっている。

さて，この非暴力平和隊は，地域紛争の非暴力的解決を実践するために活動している国際的な NGO である。2002 年にインドのデリー近郊，スラジタンドで設立総会が開催され，正式に国際 NGO として活動を開始した。事務局はベルギーのブリュッセルにある。非暴力平和隊は，各地の紛争地に国際チームを派遣し，地元の非暴力・平和団体や人権活動家と協力し，地元活動家や地域住民などに対する脅迫，暴力などを軽減させ，地域紛争が非暴力的に地元の人によって解決できるよう支援している。

この非暴力平和隊の名称に入っている**非暴力**という思想，市民による非暴力介入の歴史は，インド独立の父，**マハトマ・ガンディー**（Mohandas Karamchand Gandhi）[14] が提唱したシャンティ・セーナ（Shanti Sena）（非武装・非暴力の平和隊）が一つの起源となっている。シャンティ・セーナとは，村落生活をしながら奉仕活動をし，紛争発生時や紛争が起きそうなときには率先してその解決にあたる組織のことである。ガンディーはこの言葉を 1922 年に，インドで大規模なヒンズー教徒とイスラム教徒の対立が起こった際に初めて使った。その後，インドは 1947 年に独立を果たすが，北部におけるヒンズー教徒とイスラム教徒の対立は収まることなく激化し，50 万人ともいわれる人々が犠牲になった。こうしたなかでガンディーは全国規模のシャンティ・セーナを実現すべく会議を開こうとしたが，志半ばで暗殺されてしまい，会議が実現することはなかった[15]。

非暴力の思想のもう一つの起源は，1950 年代の，**マルチン・ルーサー・キング牧師**（Martin Luther King, Jr.）[16] の人種差別撤廃活動に求めることができ

る。米国では、南北戦争が終わった際に、連邦政府が正式に、奴隷制度の廃止を宣言したが、人種差別はその後も続いていた。こうした状況に対し、人種差別の撤廃と公民権の適用を求めた運動が続いていた。

そして、1955年に米国のモンゴメリーで、モンゴメリー・バス・ボイコット事件が起こった。これは、1955年にモンゴメリーのバス内で、バスの前方の白人専用席がいっぱいになった際、後方の黒人専用席に座っていた黒人女性に対し、白人の運転手が白人客に席を譲るよう命じたが、女性がこれを拒否したため、逮捕され投獄されたという事件であった。この事件に抗議してキング牧師らは、モンゴメリー市民に対して、1年にわたるバスボイコットを呼びかける運動を展開した。この呼びかけに対して、モンゴメリーではすべての黒人が参加した。

キング牧師は、これ以降も、ガンディーに習い、非暴力を貫くという強い決意の中にリーダーシップを発揮した。しかし反対者もおり、1968年、キング牧師は暗殺されてしまう[17]。

ガンディー、キング牧師らの遺志をついだ市民たちは、1980年代頃から、国際NGOを組織し、非暴力介入を世界各地で実践するようになった。1981年には非暴力的解決を促進する国際NGOとして、国際平和旅団[18]が結成された。国際平和旅団は紛争地域に対し、世界各国のボランティアから構成された非武装・非暴力のチームを派遣し、非暴力・直接行動・中立の立場から支援することにより、暴力的衝突の可能性を減少させるとともに、地域の人による非暴力的解決を促進すべく活動している[19]。また、同じ1981年には、同様に、非暴力介入を行う国際NGOであるWitness for Peace[20]が結成されて、ニカラグアなどにおいて活動している。ユネスコは、こうした非暴力に基づく活動は、「攻撃や暴力を拒絶し、建設的なやり方で目的を達成し、紛争を解決するための理論と実践の体系」であるとし、それを実現する組織を強く支持している。

こうした流れのなかで非暴力平和隊は2002年に結成された。非暴力平和隊は、訓練された一般市民を紛争地に派遣し、非暴力的手法を用い、対話により

平和的解決を模索できる環境をつくり出す活動をしている。現地に派遣されるフィールド・ワーカーは，約2か月間の訓練後に紛争地域に派遣され，活動する。具体的な活動としては，暗殺・誘拐などの危険な立場におかれている一般市民や人権擁護活動家などに同行する護衛的同行，紛争地帯にある村落や境界線，非武装地帯に「世界の目」として滞在する国際的監視，インターネットを使ったリアルタイムの国際社会への発信，対峙しているグループ間への割り込み，非暴力と人権に関する教育プログラムの提供などを行っている[21]。

この非暴力平和隊設立の背景には，紛争・戦争のあり方の変化があった。東西の対立，冷戦が終結しても，世界では紛争・戦争がなくなることはなかった。それどころか，宗教的な対立，民族間の対立，独裁的な政権による市民への圧迫などは増えて行くばかりで，平和へ及ぼす影響は大きくなっている。しかし，こうした問題は，多くの要素が絡み合っており，政府や企業には解決が困難である。そのため，非暴力平和隊のような市民によるNGOの支援が強く求められるのである[21]。

なお，現在，地球上で行われていて，市民が解決に取り組むべき具体的な暴力，課題は三つに整理することができる。グローバルアパルトヘイト，パックスアメリカーナ，対テロ戦争である。このうち，一つ目のグローバルアパルトヘイトとは，地球社会が，富裕層が住む平和圏と，貧困層が住み紛争が奮発する紛争圏に二分されているという非対称な状態のことをいう。この紛争圏の紛争，暴力をどのように克服するかが大きな課題になっている。二つ目のパックスアメリカーナとは，米国を覇権国とする世界秩序のことを指している。冷戦が終わり米国による一極支配の時代を迎えても，世界における軍事力依存，軍事重視は変わることなく続いている。三つ目の対テロ戦争とは，国家間の戦争ではないために，勝敗がついて平和条約を締結することもなく，テロの恐れのある限り永久に続く戦争のことである。9.11以降，世界は終わりのない戦争状態に入ったともいうことができ，人権と民主主義は，想像以上に危機に瀕している[15]。

非暴力平和隊は，これら三つの問題，すなわち，グローバルアパルトヘイト

7.4 非暴力平和隊

の暴力,パックスアメリカーナの暴力,対テロ戦争の暴力の克服を目指している。そして,戦争以外の選択肢は存在すると確信して活動をしている。現実的な問題としても,元国連事務総長コフィ・アナン (Kofi Atta Annan)[22] がいうように,「もっとも高価な平和維持作戦は,最も安い戦争より全然費用がかからない」のである[21]。

さて,非暴力平和隊の最初の活動地域となったのはスリランカである。そこでつぎに,スリランカでの非暴力平和隊の活動について詳しく見ていこう。

非暴力平和隊は2002年に設立総会を開いたが,ここで,非暴力平和隊最初のフィールドプロジェクトは,スリランカで行うことが決定された。その理由は,2002年に,内戦が20年以上継続していたスリランカで停戦協定が締結されたばかりのタイミングにあり,和平交渉への期待が高まっていたからである。

スリランカは1948年に独立を果たしたが,多数派のシンハラ人を主体とする政府に反発したタミル人が,北東部地域の独立を求め「タミルイーラム解放の虎(LTTE)」を結成していた。この結果,1983年には,スリランカは本格的内戦に発展して紛争状態に入り,7万人以上の犠牲者と160万人以上の難民が出ていた。また仏教徒,ヒンズー教徒,イスラム教徒間の宗教間対立も激しかった。

非暴力平和隊は総会での決定に基づき,このスリランカに2003年に11人のフィールド・チーム・メンバーを派遣した。拠点は紛争の火種が多い地域におかれた。同時に,多くのスリランカ人スタッフを採用した。プロジェクトの予算は2007年において2億円で,その70％は国連などの諸機関からの援助でまかなわれた。

しかし,スリランカの情勢は安定しなかった。停戦協定がいったん締結されたものの,スリランカ政府,LTTE双方がたがいに譲らないなかで,2008年初め,スリランカ政府は一方的に停戦協定を破棄し,戦闘が再開されることとなった。2009年に,政府軍はLTTEの最大拠点をほぼ制圧したが,追い込まれたLTTEは市民を盾に徹底抗戦の構えを見せた。非常な混乱に陥り,国際社会からは,事態を憂慮する声が上がった。

こうしたなか，各国の停戦監視団はつぎつぎにスリランカから撤退したが，非暴力平和隊は25人のメンバーが，現地スタッフも含めるとおよそ50人のメンバーが活動を続けた。彼らは，政府側支配地域とLTTE側支配地域の境界線上の緊張した地域の中間点に本拠地を置き，活動家や市民への護衛的同行，暴力的事態が起こる可能性のある地域での国際的監視，少年兵保護などの活動を，粘り強く展開した。

しかし，2010年になって，非暴力平和隊の現地責任者に対して，スリランカ政府からのビザ発給が停止されてしまった。そのため，国外退去，人権擁護活動家に対する支援や国際監視の活動停止を余儀なくされてしまった。結果として，スリランカにおける活動は，2011年末に，現地パートナーにノウハウを引き継ぐことで終了した。

非常に難しい状況のなか，非暴力平和隊は，現在も，フィリピン ミンダナオ島，南スーダン，南コーカサス，キルギスタンなどの紛争地域で多彩な活動を繰り広げている。すべてが一時に解決するわけではないが，理念を信じ，希望を持って，非暴力平和隊は，今日も国際平和の実現に大きな役割を果たし，国際的なコミュニティとして貢献している[12), 15), 21)]。

7.5　NPOとは何か

以上，NGOについて見てきたが，ここで視線を転じ，NPOについて見ていく。

NPOは，日本では特に，**特定非営利活動促進法（NPO法）**に基づく法人を意味することが多く，NPO法人と呼ばれている。領域は教育福祉，町づくり，学術など多彩である。

日本におけるNPOは，資金規模が小さく，年間資金規模が1億円以上の団体は1％程度しかない。その一方で団体数は多く，数万団体以上が存在する。

日本でNPOの数が多いのには理由がある。日本の国際協力NGOは1998年にNPO法ができるまで多くが任意団体であった。民法34条に基づいた公益法人として運営することも可能ではあったが，資金と官庁の許可が必要だったた

め，実際には困難であった．しかし1998年にNPO法ができると，指定された非営利の活動を行う団体であれば，容易にNPO法人格が得られるようになった．この容易さのため，団体数が増えていった．

NPO法が指定する非営利活動には，開発協力型NGOが行う，緊急援助，紛争予防・平和構築，参加型開発国際協力といった分野が多く含まれているため，NGOのなかにもNPO法人格を取得するものが増えた[5]．

しかし，2008年に施行された公益法人制度改革関連3法案はこの枠組みを大きく変えた．内閣府によれば，この改革により，現行の公益法人の設立に係る許可主義を改め，法人格の取得と公益性の判断を分離し，公益性の有無に関わらず，登記により簡便に設立できる一般的な非営利法人制度が完成した．また，各官庁が裁量により公益法人の設立許可等を行う主務官庁制を抜本的に見直し，民間有識者からなる委員会の意見に基づき，非営利法人について目的，事業などの公益性を判断するしくみを創設することになった．そのため，今後はこの法律に基づく法人格を取得するNGOも増えることが予想される[23]．

さて，NPOは，設立の趣旨として，利益を追求するものではないが，経済的基盤が弱くてもよいということにはならない．経済的基盤が弱ければ存続は難しく，結果的に目標を達成することができない．市民のためにつくしながら，かつ，自立できるだけの経済的基盤を築くことが重要になる[24]．単なる慈善事業では，財源が尽きた時点で活動ができなくなるからである．

そこで，しっかりとした経済基盤を築くことに成功し，企業並みの利益を上げているNPOの例を紹介する．米国のNPO，コモン・グラウンド（Common Ground）[25]はロザンヌ・ハガティ（Rosanne Haggerty）[26]によって1990年に設立された．コモン・グラウンドは，ホームレスの人々を支援し，生活の質を向上させるため，安全で安価な住宅の提供を行っている．さらに，住居の提供だけでなく，ホームレスの人々に対する就職訓練などを含めた総合的なサービスを提供して，社会復帰を支援している．

コモン・グラウンドは，また，不動産開発事業者でもある．1990年には，ニューヨーク中心部にあるタイムズ・スクエア・ホテルを購入し，ホームレス

および低所得者向けのシェルター，アパートとして再生（リノベーション）するなど，NPOでありながら不動産開発を手がけて，財政をしっかりしたものとしている。なお，リノベーションにあたっては，ニューヨーク市やJPモルガンなどから約3 600万ドルの寄付を集めた[27]。

またコモン・グラウンドでは，営利事業部門を設け，雇用を生み出し，自らの財政基盤ともしている。例えば，リノベーションしたタイムズ・スクエア・ホテルでは，高級アイスクリームの大手チェーン，ベン＆ジェリー社（Ben & Jerry's）[28]に出店してもらい，そこにホームレスの人々を雇用して，働く場を提供している。なお，このベン＆ジェリー社は社会貢献志向が非常に強い企業として知られており，コモン・グラウンドはこのタイムズ・スクエア・ホテルだけでなく，ほかにもベン＆ジェリー社のいくつかの店舗をフランチャイズにかかわる費用を免除される形で運営している。

コモン・グラウンドの職員の数は170人を超え，2002年度末の総資産は1 823万ドル（約20億円）に達し，代表のロザンヌ・ハガティの年収は，14万5千ドルを超えており，ビジネスとしても大きな成功を収めている[27]。

つぎに，企業でありながら，NPOのような社会貢献をしている例について考察していこう。

上記で紹介したベン＆ジェリー社は，米国における高級アイスクリーム市場においてハーゲンダッツ社と競い合っている企業である。ベン＆ジェリー社は，社会貢献をつねに意識した経営を行っていることで知られ，ホームレスの雇用に加え，税引き前利益の7.5％を社会貢献のために使っている。つまり，ベン＆ジェリー社は営利企業ではあるが，あたかもNPOのような社会貢献意識を持った企業であるということができる[29]。

ベン＆ジェリー社のように，あたかもNPOであるかのような意識を持ち，公共の利益を重視して企業のマーケティング活動を推進することを**ソーシャルマーケティング**という。ソーシャルマーケティングは，企業の広告宣伝活動ではなく，また，単なる利益の社会還元や，慈善事業ではない。むしろ，企業活動そのもののなかに，社会貢献の要素を盛り込んで，継続的に実施する，長期

的な視野を持った事業である。フィリップ・コトラーによると，ソーシャルマーケティングでは，社会的大義，社会変革の実現に対して，マーケティングの原理と手法を適用することである。貧困の撲滅，児童就労の禁止，女性の参政権付与などの社会変革などの活動において採用されることが多い[30]。これを実践していくうえでは，NPO とのパートナーシップが重要になる。ベン＆ジェリー社とコモン・グラウンドの関係はその一例である。

そのほかにも，ソーシャルマーケティングには多くの事例がある。例えば，アメリカン・エキスプレス社（American Express）[31] は早くからソーシャルマーケティングに取り組んできたことで知られる。1983 年には，ニューヨークの自由の女神の修復にカード利用額の一部を寄付するというキャンペーンを展開し，修理費用 600 万ドルのうち 30％を寄付したといわれている。このキャンペーンは経営的にも大きな成果を残した。既存の利用者のカード使用率は 28％増え，新カード発行は 45％増加した。その後も，アメリカン・エキスプレス社は飢餓の撲滅や乳がんの撲滅を目的としたカードなどを提供している[32]。

つまり，ソーシャルマーケティングは企業にとっても，利益の拡大，ブランドイメージの向上などの多くの効果をもたらすものであるということができるだろう。

▼本章のまとめ▼

本章では，公益の追求を行う市民の非営利団体による社会活動について扱った。複雑化した現代社会において，人権保護上の，福祉上の，国際平和上の，あるいは文化上の課題への対処は，公共の立場に立つ市民および市民のコミュニティが行うことが望ましいことがわかった。この意識の高い市民が現代社会の問題を解決しようとするとき，NGO や NPO をつくり活動する例がよく見られた。NGO とは，非政府，非営利の立場に立った市民が主導する自律的な組織で，国際的な課題に対して公益的な活動を行う組織のことであった。本章では，非暴力平和隊のケースを主として取り上げ，その活動を見た。NPO に関しては，企業などとの連携を通じてしっかりとした経済基盤を築くことに成功した例を取り上げた。公共の利益を重視して企業のマーケティング活動を推進する，ソーシャルマーケティングは企業にとっても，利益の拡大，ブランドイメージの向上などの多くの効果をもたらすものであることがわかった。

演習問題

[7.1] 公益の追求を行う市民の非営利団体による社会活動の意義についてまとめなさい。
[7.2] 開発協力を行う NGO を一つ取り上げ，概要とその活動内容についてまとめなさい。
[7.3] NPO を一つ取り上げ，概要とその活動内容についてまとめなさい。
[7.4] ソーシャルマーケティングについて説明しなさい。

注　釈

1) 広井良典ほか：コミュニティ，勁草書房（2010）
2) 菅原秀幸：環境対策における企業と市民社会との関係についての定量的分析，日本NPO学会第8回年次大会（2006）(http://www.sugawaraonline.com/paper/NPO2006_6_4.pdf)
　菅原秀幸：多国籍企業の政治経済学構築へ向けて─市民社会の影響力分析からのアプローチ─，日本国際経済学会第 64 回全国大会（2004）(http://wwwsoc.nii.ac.jp/jsie/Annual_Conferences/64th_Ritsumeikan/paper/13-1p.pdf)
3) 広井良典：創造的福祉社会，筑摩書房（2011）
4) 朝日新聞社：知恵蔵（2007）
　集英社：イミダス（2007）
5) 美根慶樹ほか：グローバル化・変革主体・NGO，新評論（2011）
6) 重田康博：NGO 発展の軌跡，明石書店（2005）
7) The International Federation of Red Cross and Red Crescent Societies（http://www.ifrc.org/）
8) 1828 ～ 1910 年。スイス生まれ。赤十字社を創設。1901 年に第 1 回ノーベル平和賞を受賞。
9) メアリー・カルドー著，山本武彦ほか訳：グローバル市民社会論，法政大学出版局（2007）
10) 平田哲：NGO・NPO とは何か，中央経済社（2005）
11) 読売新聞「ジュビリー 2000 とは」(http://plus.yomiuri.co.jp/article/words/%E3%82%B8%E3%83%A5%E3%83%93%E3%83%AA%E3%83%BC%EF%BC%92%EF%BC%90%EF%BC%90%EF%BC%900)
12) 非暴力平和隊・日本（http://np-japan.org/index.htm）
13) 1934 年～。NEC テクノロジー株式会社社長，NEC フィールディング株式会社専務取締役などを歴任。非暴力平和隊・日本理事。
14) 1869 ～ 1948 年。インド独立の父。
15) 君島東彦：非武装の PKO，明石書店（2008）
16) 1929 ～ 1968 年。米国の牧師。公民権運動の指導者。「I Have a Dream」のスピーチでも知られる。
17) ITmedia「マーティン・ルーサー・キングのリーダーシップ」(http://mag.executive.itmedia.co.jp/executive/articles/1201/11/news004.html)
18) Peace Brigades International（http://www.peacebrigades.org/）

19) 非暴力平和隊：国際平和旅団（PBI）（http://www.jca.apc.org/npj/project/PBI/PBI.html）
20) Witness for Peace（http://www.witnessforpeace.org/）
21) 非暴力平和隊・日本理事 大橋祐治講演，東京工科大学メディア学部「コミュニティメディア論」（2011年6月7日）
22) 1938年〜。第7代国際連合事務総長（1997〜2006年）。ガーナ出身。2001年にノーベル平和賞を受賞。
23) 内閣府（http://www.gyoukaku.go.jp/about/koueki.html）
24) 斉藤槙：社会起業家，岩波書店（2004）
25) コモン・グラウンド（http://www.commonground.org/）
26) 1961生まれ。コモン・グラウンド代表。
27) 渡邊奈々：チェンジメーカー，日経BP社（2005）
28) ベン＆ジェリー社（http://www.benjerry.com/?ps=us）
29) イシハラ（http://www.ishiharacompany.com/basic/icecream03.html）
環境goo「企業の社会貢献活動を支援 斉藤槙さん」（http://eco.goo.ne.jp/business/csr/ecologue/wave13.html）
30) フィリップ・コトラー：コトラー ソーシャルマーケティング，丸善出版（2010）
31) アメリカンエキスプレス社（https://www.americanexpress.com/）
32) 斎藤槙：ソーシャル・マーケティングのアプローチ（2004）（http://www.viva.ne.jp/library/opinion/5-8.htm）

8章 医療とコミュニティ

◆ 本章のテーマ

　前章では，公共の利益追求を行う市民の非営利団体による社会活動について扱ったが，引き続き本章でも，公共分野のコミュニティとメディアについて，特に，医療とコミュニティに焦点を当てて考察していく。

　日本では，国民皆保険制度が実現しており，多くの人が医療の恩恵を受けているが，問題がないわけではない。救急搬送されてきた患者の受け入れができなかったり，自治体病院が閉鎖するなどの事象が起きている。

　本章では，こうした問題を解決するため，地域医療はどうあるべきか，また，新たな街づくりはどうあるべきかなどについて検証するとともに，コミュニティソリューションの可能性について考察していく。

◆ 本章の構成（キーワード）

8.1　日本の医療制度
　　　皆保険，医療費
8.2　医療崩壊
　　　医療崩壊，自治体病院
8.3　医療の値段
　　　フリーアクセス，トレードオフ
8.4　地域医療とコミュニティ
　　　地域医療，専門医，総合医，コンパクトシティ，
　　　コミュニティソリューション

◆ 本章を学ぶと以下の内容をマスターできます

☞　日本の医療の歴史と現在抱えている課題
☞　医療施設を中心としたコンパクトシティ構想とは何か
☞　医療の課題に対するコミュニティソリューションの可能性

8.1　日本の医療制度

　医療とコミュニティについて考えるにあたり，最初に，日本の医療制度の歴史を確認することから始めよう。

　池上直己によれば，日本の医療制度には二つの起源がある。一つ目は，企業などに勤める人を対象とした被用者保険であり，1926年に一部の人々を対象とした健康保険法施行により始まった。二つ目は，自営業者を対象とした国民健康保険であり，1938年の国民健康保険法施行により始まった。この二つの制度により，1943年には国民の7割を対象とした保険制度が整った[1]。

　第二次世界大戦後には，1961年になってすべての市町村において国民健康保険が提供されるようになった。これにより，日本では，国民がほぼ全員保険に加入する**皆保険**制度が完成した。これほどカバー率の高い健康保険制度のある国は世界でもめずらしい。多くの人が，費用の面では安心して高度な医療を受けることができる点では日本の制度は非常に望ましい状態にあるといえる[1]。

　つぎに，現代日本の医師や病院の数について確認する。近年，日本では，1970年代までは医師の数がまだ不足しているとの認識のもと，医学部定員は増やされた。ところが，1980年代になると一転して医師数の抑制が図られ，1997年には医師数抑制に関する閣議決定がなされた。しかし，高齢化の急速な進展や，新しい医師の研修制度が取り入れられたことにより，医師の数は不足し，また適正な配置がなされない状態になった。そこで，今度は，2008年には医学部定員増が閣議決定され，医師数増員へ方向転換することになった[1),2),3)]。なお，日本における病院，一般診療所，歯科診療所総数は約18か所，常勤換算の従事者数は約167万人，うち医師約28万人となっている[3]。

　続けて，日本ではどのくらいの**医療費**が使われているのかについて見てみる。

　日本の医療費は，先進諸国のなかでは低い水準にある。OECD（経済協力開発機構）によると，主要6か国でGDP（国内総生産）に占める医療費の割合を比較すると，日本は最下位となっている[1]。なお，日本の国民医療費は2008年において約33兆円である。この内訳は，入院にかかる医療費が37%，通院

での医療費が 39 %，薬局での調剤医療費が 13 %，歯科医療費が 8 %，入院時の食費が 3 % となっている[3]。

この低い医療費にもかかわらず，日本人の平均寿命は世界で最も長くなっている[1]。2007 年における日本人の平均寿命は，男性 79.1 歳，女性 85.99 歳であった。女性は 23 年連続世界一である。1947 年には男性が 50.06 歳，女性が 53.96 歳であったので，60 年間で日本人の平均寿命およそ 30 年も延びた[3]。平均寿命は，医療費を掛けたから長くなるというものではなく，国民の教育水準の高さや，健康的な生活，よい食生活などの影響も大きいとはいえ，この医療費の低さと平均寿命の長さが両立しているのは稀有な現象である。

日本の医療においては医療費を高くする要因がたくさんある。例えば，CT スキャンや MRI などの高額な医療機器の一人当り台数が世界一になっていること，フリーアクセスが確保されていること，医療機関への支払いが出来高払いの原則になっていること，などがその要因である。これらの，医療費を高くする構造的な要因を多く抱えているのにもかかわらず，日本の医療費は低い状態を保っている[1]。

8.2 医療崩壊

さて，医療に関しては，日本では近年，**医療崩壊**という言葉が世間をにぎわせた。救急車で搬送された患者を病院がたらいまわしするなどの事件が発生したからである。この原因として，2000 年以降行われた，医療制度のさまざまな改革，例えば，2000 年に導入された介護保険制度，2008 年に導入された後期高齢者医療保険制度，などが原因ではないかという指摘がある。

そのほかにも医療崩壊を起こしたと指摘されている要因はいくつかあるが，その一つ目には医師配置の失敗がある。新たな臨床研修制度によって，研修先を若い医師自身が選ぶことができるようになったことの影響が大きかった。この制度導入の結果，それまで重要な戦力となってきた研修医の数が病院によって大きな差が出るようになってしまい，教育に熱心な一部の病院，著名な病

院，都心部の利便性のよい立地にある病院を例外として，医師不足に陥る病院が特に地方で相次いだ．

　ではいったい，医師の数は地域によってどの程度の差があるのか．都道府県別人口10万人当りの医師数を比較してみると，最も多い京都では272人，ついで徳島の270人，東京の265人となっている．これに対し，少ない県は埼玉の135人，茨城の146人，千葉の153人となっている．つまり，医師数の多い県と少ない県は2倍の格差がある[2]．

　二つ目の要因は，病院の経営悪化である．小泉政権時の医療費抑制政策で診療報酬引き下げが行われた結果，経営が悪化する病院が発生した．特に地方公立病院の苦境が目立つようになった．そして，経営が困難になった病院の統廃合が行われていったため，中核病院を失う地域を生むことになってしまった．

　三つ目の要因は，医師が緊急性の高い診療科を避ける傾向が出てきたことである．医療事故や医療過誤に関する訴訟件数の増加は，産科，救急，外科などの，緊急性の高い科を医師が避けるようになるという，非常にネガティブな結果をもたらしてしまった．なお，2006年と1998年の診療科別の医師数の変動を比較して，減少数が最も多いのは外科であり，3 287人減少している（－13.2 %）．ついで内科における2 232人の減少（－3.1 %），産婦人科における1 324人の減少（－12.1 %）が目立っている[2,3]．

　四つ目の要因は，患者の要求の強まりである．過去，日本人の患者は，治療にあたっては，すべてを医師に任せるという従順な姿勢で臨むことが多かった．しかし，患者の教育レベルが上がるに従い，意識は大きく変化し，納得のいくまで説明を求めたり（インフォームドコンセント），ほかの医師の意見も聞いて治療方針を定める（セカンドオピニオン）患者が多く現れるようになった．こうした患者の意識の向上は望ましいことであったが，反面，医師にとっては説明時間を多くとる必要を生むようになり，医師の勤務はますます過酷になった[2,3]．

　つぎに，医療崩壊の象徴のような存在として報道された，銚子市立総合病院（当時）[4]のケースについて見てみよう．銚子市立総合病院は千葉県銚子市における地域の中核病院であったが，2008年に診療が休止する事態に陥った．

経営難をきっかけに，医師がつぎつぎと退職し，常勤医が極端に減少したことが，休止に至る大きな原因であった。銚子市民は存続を求め，署名活動などを展開したが，残念ながらその願いはかなわなかった。この問題が地域に与えたインパクトの大きさは，これがきっかけとなって市長のリコール請求にまで発展したことからも明らかである。その後，銚子市立総合病院は，市民の運動により，公設民営で再開を目指し，銚子市立病院として再開にこぎつけたが，非常に小規模な体制での診療を余儀なくされている[5]。

このような**自治体病院**は，医療経済学者の池上直己[6]によれば，病床300床以上の基幹病院の3割程度を占めており，日本の医療においては大きな役割を果たしている。近年，多数の自治体病院の経営が苦しくなったのは，診療報酬改定によって医療費が抑制されたことが大きな原因である。加えて，運営主体である自治体への国からの交付金や補助金が減ったため，多くの自治体の財政が悪化し，自治体病院に運営資金を出せなくなったという要因も大きい。

さらに，自治体病院は経営体質に問題がある。自治体病院においては，現場を指揮すべき病院長にあまり権限がなく，組織管理上不都合が生じている。また，病院の運営費用に対してスタッフの給与が占める割合が，自治体病院では63.1％と私的病院より10％高くなっている。自治体病院では特に，准看護師，職員の給与が高く設定されている。また，自治体病院では一度雇用されると定年になるまでスタッフが退職しない傾向にある。彼らには年功序列の公務員給与体系が適用されるため，勤続年数が長いスタッフが高賃金となっていることも挙げられている[1]。

医療の崩壊に関しては以上のように，この何年かで，注目を集め，多くの報道がなされた。しかし，実態は必ずしも報道の通りではないという反論もある。池上直己は，日本の医療費が確かに主要6か国のなかでは最下位であるが，これは10年前でも同じであった，つまり，最近の医療費抑制策と医療崩壊の因果関係は明確ではないと指摘している。

また，医師の減少が目立つ診療科，産婦人科の医師数に関して池上は，産婦人科の医師数は確かに減少しているが，同じ割合で分娩数も減少しているた

め，医師一人当りの負担は増えていない。また，産科医療に対する危機意識から診療報酬において産科の手技は大幅に引き上げられ，病院における処遇も改善されたため，2008 年から産科の研修医数は増加に転じたと述べている。

産婦人科の医療機関の数については，病院は 13 年前より 3 割強減っている。これは，患者の安全確保のため，1 病院当り 5 人以上の常勤医を配置する方針を進めていることが原因である。産科医を集約すると近隣に病院がなく，不便になることは確かだが，母体が危険にさらされたとき，複数の産科医が協力しあって治療にあたることができるので，安全性は増しているということもできる[1]。

最後に，医療崩壊の具体的な表れといわれる**救急搬送**受け入れ拒否問題について見てみる。総務省の調査では，重症以上の病気やけがで搬送されたケースは 2009 年に約 41 万件で，受け入れを 10 回以上拒否されたものが 677 件あった。救急車が到着してから搬送先が見つかるまで 2 時間以上かかったケースのうち，重症患者は 165 件あった。医療機関が救急患者を受け入れる場合には，対応可能な医師がいることと，空き病床があることが必要である[7]。

しかし，日本の医療の特徴として，入院の日数が長いということがあるため，空き病床の確保は簡単ではない。平均在院日数（急性期）は日本が 19 日であるのに対し，米国は 5 日と 4 分の 1 の日数になっている。外来に関しても，一人の患者が外来にかかる回数は日本が 13 回であるのに対し，米国は 3 回程度と少ない。医療崩壊の象徴的な事件として取り上げられることの多い救急搬送の受け入れ拒否問題も，こうした入院期間の長さによる病床不足，診療回数が多いために医師の時間が逼迫している，などの背景を抜きにしては考えることはできないであろう[1,2]。

また，日本における救急搬送受け入れ拒否問題のもう一つの背景には，救急搬送される患者の人員の急激な増加がある。1997〜2007 年の 10 年間を見てみると，年間の救急搬送人員は，327.8 万人から 481.4 万人と，150 万人以上増えている。しかし，運ばれた患者を見てみると，52.6 ％が軽症患者であり，中等症が 37.5 ％，重症が 9.9 ％であった。軽症患者が多い背景には，救急車が日本では無料で呼べてしまうので，気軽に使ってしまう患者が含まれている

可能性が高い。こうした軽症患者に時間と人手を取られた結果，真に救急車を必要とする重症の人に手が回らなくなるという結果になっている。そこで，東京消防庁などでは，救急車を呼ぼうか迷った時，診察可能な病院がわからない場合は，東京消防庁救急相談センターにまず電話し，アドバイスを受けるようにキャンペーンをしている[1),8)]。

8.3　医療の値段

　以上のように，日本の医療制度はさまざまな問題を抱えているが，世界的に見ると，国民皆保険制度が機能し，医療機関にかかった場合の自己負担額は3割程度と，低い金額での受診が可能になっている。大きな病気をした場合でも，自己負担の限度額は月8万円までに抑えられており，利用者の負担は軽減されている[3)]。

　しかし，患者は医療に対して必ずしも満足はしていない。日本人の多くは医療費を高いと思っている。その理由は，日本における患者の窓口負担は3割であり，これが，先進諸国のなかではきわめて高い水準にあるからである[1)]。

　一方，医師の側から見た日本の医療費の課題は，どんなレベルの治療，コンサルテーションをしようと，保険診療のもとでは，同じ金額しか支払われないということがある。経験豊富で，世界の先端的な研究成果を迅速に導入し，また，優れた患者対応，コンサルテーションを行う医師がいる一方で，経験の足りない医師，古い治療法や手技を何十年も続けている医師，患者対応がぞんざいな医師もいる。通常の資本主義下の取引では，同じジャンルの商品であっても，よい商品には高い値段がつき，粗悪品には安い値段がついても売れなかったりする。もちろん，医療を完全に資本主義的な論理で語ることはできないが，医師にとってはどんなによい治療をしても，保険診療の場合には決められた金額しか請求できないというのは，モチベーションの向上を阻害するのではないか。また，資本主義経済下では通常，価格は商品の品質を示す指標としての役目があるため，消費者は，必要とするなら高い商品を選ぶことで，よい商

品にたどりつけるが，医療では価格が患者にとって指標としての役目をまったく果たさないという問題もある。

　病気になった人が，お金がないという理由で受診をためらうということにはなってはいけないが，日本でも，優れた医師には報いるしくみがあってもよいのではないか。例えば，米国では，治療成績に基づく支払い契約が存在している[9]。

　日本の医療制度のもう一つの特徴は**フリーアクセス**である。フリーアクセスとは，医療機関を患者が自由に選んで受診することができるしくみのことをいう。海外，例えばイギリスでは地域の主治医を通じてしか病院を受診できないしくみになっている。米国では加入している保険によって受診可能な病院が制限される。日本では自ら選んで病院を受診することができ，患者の選択の自由の幅が大きい[10]。

　しかし，フリーアクセスにはデメリットもある。例えば，患者自身が質が高いと思う医療機関を選択して自由に訪れることができるので，有名な病院には患者が集中する。また，軽い症状で大病院を受診することもできてしまうので，応対する医師の負担が増してしまう[10]。結果として，医師が過剰に多忙になり，患者への説明が不十分になったり，長い待ち時間が発生したりしてしまっている[1]。

　以上述べてきたような，救急搬送の問題，医療費の問題，フリーアクセスの問題を考えるとき，医療においてはコストと質の**トレードオフ**は避けられないという考え方，すなわち，両方は同時に実現できはしないという結論に達する場合が多いだろう。しかし，医療の問題では，そうしないことがきわめて重要であると，経営学者のマイケル・ポーターは指摘している。ポーターは，医療にはコストと質を同時に改善できる余地が広く存在するといっている。なぜなら，医療においては，最新の研究成果，知見を取り入れるだけで，価格を上げることなく医療の質と利益幅の双方を改善できるからである。運営面でも，例えば，投薬のタイミングを改善することで，コストを上げずに診療成績を向上させることができるだろう。また，ミスをなくしてきちんと診療を行うことでも質とコストの同時改善が可能である。さらに本質的には，医師の最初の診断

が正確であれば，むだな治療を行わなくて済む。こうしたコストと質を同時に改善する進歩は，劇的なブレイクスルーによって発生するのではなく，日常の医療行為において，少しやり方を変えるだけで実現ができるとポーターはいっている[9]。

8.4 地域医療とコミュニティ

ここからは，話題を少し変え，日本における**地域医療**とコミュニティ形成について見ていこう。最初に，地域医療の担い手である開業医と中小病院の現状について確認する。

日本における開業医の最大の特徴は，医師であれば診療科を自由に標榜して開業し，診察できる制度にある。この自由開業医制度があるため，研修医時代に何を専攻していようと，開業時には好きな診療科名を名乗ることができる。これに対し日本以外の国の多くでは，当該分野の学会が定める研修を修了し試験に合格して**専門医**とならない限り，その診療科の標榜をすることはできず，また，診療を行うこともできない[1]。

とはいえ，どのような診療科を標榜しようと，地域社会で開業すれば，多かれ少なかれ開業医には**総合医**としての役割を期待されるであろう。しかし，日本では総合医を養成するカリキュラムをおいている大学はとても少なく，地域の開業医のほとんどは総合医としての研修を受けていない。日本における総合医養成への取り組みは遅れているといわざるを得ない[1]。

日本の医学部教育および研修医期間の教育は，専門医の養成に特化したものなのである。しかし，専門医が活躍できるのは大病院だけだが，日本の病院の多くは中小病院である。中小病院でも開業医の診療所と同じく，医師に求められるのは専門医としてのスキルではなく，むしろ，総合医としてのスキルである。つまり，需要と供給にミスマッチがある[1]。

もちろん，こうした症例数の少ない中小病院であっても，重篤で治療の難しい患者が専門医の治療を求めて訪れることが当然ある。しかし，中途半端に総

合医的な仕事をしている医師の場合，日頃の診療の範囲が広すぎて，その専門分野における経験，専門知識が不足し，患者にとって悪影響を及ぼすことがある。これは非常に大きい問題となっている。

だが，よく考えてみよう。なぜ中小病院であるのにもかかわらず，すべての医療を提供することが可能な施設を目指す必要があるのか。この誤った目標が，レベルの低い医療提供の原因の一つになっている。本来は，ある程度診療範囲を絞りながら，近隣も含めたネットワークを広げて，ほかの医療機関と専門分野を補完しあい，協力をしていくほうが望ましい。地元だけを重視しすぎるのは考え物である。優れた専門医のいる病院であれば，患者を求める対象は地理的に拡大することが本来望ましい[9]。

日本の医療体制は，以上のような課題を抱え，再構築すべき時期になっている。例えば，医療機関を，専門性の高い大病院と地域に密着した診療所とに明確に分け，大病院では先端治療を，診療所では総合医によるコンサルテーションを提供してはどうだろうか。総合医の役割はこれからますます大きくなってくると思われる。高齢化が進み，複数の疾患をもつ患者が増えれば，自宅近くの診療所が果たす役割は大きくなる[1]。患者にとっては，個別の専門家に何人も相談するよりは，総合医がケアサイクル全体への注意を払ってくれたほうがずっと望ましいであろう[9]。しかし，これを実現するうえでは，患者の治療記録，いつでもどんな医療機関でも見られるような，統合されたシステムとネットワークが必要である[1]。

こうした体制への第一歩として日本では，政府が，医療圏の設定を試みたことがある。医療圏の設定とは専門性の高い先端医療以外の医療を住民の生活圏の範囲内で受けられるように地域を区切ろうという試みである。しかし，医療圏の設定にあたって，どこまでが先端医療かの区別があいまいになってしまった。また，人々が予想を超えて広い範囲を移動する現代社会の特性をあまり考慮しなかったので，実効性のあるエリア分割はできなかった。しかし，日本政府の施策ではよくあることだが，一度設定された医療圏は見直されることなくそのまま継続的に用いられ，がん拠点病院とその関連医療機関のネットワーク

もこの医療圏ごとに構築されていったため，現在ではこれで本当によかったのかという疑問が生まれてしまっている[1]。

医療と地域について考えるとき，医療施設を地域の中心において街づくりをしようという考え方もある。日本においてはある時期，地方都市において，病院や大学といった公共・公益施設，住宅が郊外に移転することが多くなった。また，人々のライフスタイルが変わり，徒歩や公共の交通機関で移動し自宅近くの店や鉄道の駅周辺の商店街で買い物をするというライフスタイルから，車で移動し郊外の大型ショッピングセンターで買い物をするというライフスタイルになっていった。この結果，中心市街地は空洞化し，商店街がシャッター通りと化すような例が増えていった[11]。

こうしたなか，やみくもに拡大した都市をつくるのではなく，中心部に医療施設などの都市機能を集約して，コンパクトな街づくりをしようという構想，すなわち**コンパクトシティ**構想の実現性が検討されるようになった[12]。

これは，車による移動を前提として都市を設計した結果，中心部の空洞化が進んだり，高齢者が日常の買い物にも不自由する地域がたくさんできてしまったことへの反省から始まっている。いまの日本の地方都市では，車がない，あるいは運転が苦手な場合には生活のあらゆる場面で苦労を強いられる。戦後の日本は米国の街を一つのモデルに道路や都市をつくってきた結果，徒歩で楽しめる魅力ある地域の多くが失われてしまった[13]。

日本では以上のような状況を打破すべく，2006年には，都市計画法，中心部の活性化に向けた法律が可決され，大型ショッピングセンターなどの郊外立地を規制し，中心部を活性化する方向に流れが変わった。この議論の際の論拠となったのが，前述したコンパクトシティの考え方である[11]。

このコンパクトシティを企画する場合，中心には買い物のための店や学校が想定されることが多いが，日本における高齢化の進展の速さを考えると，医療機関を中心に置くことも十分検討の余地がある。そこで，つぎに，実際に，医療機関を中心とした街づくりを行い，顕著な成功を収めた例として静岡の例を紹介する。

静岡県は2001年にファルマ（医薬）バレー構想を策定し，「世界一の健康長寿県の形成」を目指していくという宣言を行った。これに基づき2002年には県立静岡がんセンター[14]を開院，がん患者への治療を行うとともに，創薬探索センターを設置して，静岡発の創薬を目指している。併せて，大規模治験ネットワークを構築した。このネットワークには29もの病院が参加をした。静岡県ファルマバレー構想は成功を収め，この地域は大きく発展していった。例えば，2010年において，全国の住宅地で地価が上昇した全国6地点のうち，2地点がこのエリアの地点となるなど，顕著な成果を上げている[15]。静岡がんセンターは，地域コミュニティの中核となるとともに，世界に対して研究成果を発信するメディアともなったということができるだろう。

以上のように，本章では日本の医療の問題と，地域との関わりについて述べてきたが，最後に，健康と人間関係，ソーシャルキャピタルの課題について考えていく。健康が維持できているかどうかに関しては，遺伝的な要素，生活習慣の要素に加え，その人が経済的，社会的にどのような立場にあるかが大きく影響している。まず経済面から見てみると，所得の格差が健康の格差に直結することが知られている。例えば高所得者層では要介護状態の人の割合は3％であるが，低所得者層では17％と，割合に大きな違いがある[16]。

より，重大な影響を与えるのは社会的な関係性である。社会的に孤立している人の死亡率はそうでない人の2倍も多いといわれている。1979年に米国西海岸のアラメダ郡の住民を対象に行われた研究では，6 928人の地域住民を9年間追跡して，社会的サポートネットワーク，ソーシャルキャピタルの豊かさで比較した結果，豊かな人と比べ，社会的に孤立した人が死亡する相対危険度は男性2.3，女性2.8と，非常に高くなっていた[16]。

周りに相談相手がおり，社会的な関係があることが大切なのである。ゆえに，いまコミュニティによって，医療をはじめとした問題を解決しようとする，**コミュニティソリューション**への期待はますます高まっている[17]。

人類の歴史上，格差のない社会などなかったが，格差のなかには放置してはならない格差があり，命に関わる健康格差はその一つである。格差によるあつ

れきは,社会階層の低い人だけでなく,高い人にも悪影響を与えることが知られている。格差は,社会の底辺層だけでなく,国民全体の不健康をもたらすという研究成果が出ているのである[16]。

近藤克則によると,WHO(世界保健機関)[18]のヨーロッパ地域委員会は,1991年に,健康格差を25%削減することを目標に掲げた。その後も同委員会では健康格差に関する研究を継続した結果,貧困を排除し,物質的な不平等をなくすことが政府の責務であり,すべての人が最低所得,最低賃金を保証され,政府の支援が受けられて,守られなければならないという結論に達した。さらに,WHOは,2005年には,健康の社会的決定要因に関する委員会を設置して活動を続けている。これを受け,ドイツでは健康の不平等の削減を,デンマーク,フランスなどでは,健康の公平に関する目標が政府により示された。日本においてもこのような取組みが行われる必要があると考えられている[16]。

▼本章のまとめ▼

本章では,公共分野のコミュニティ,特に,医療とコミュニティについて扱った。日本では,国民皆保険制度が実現しており,多くの人が医療の恩恵を受けているが,問題がないわけではない。救急搬送されてきた患者の受け入れができなかったり,自治体病院が閉鎖するなどの事象が起きており,医療崩壊と呼ばれた時期もあった。本章では,こうした問題を解決するための解決案について検討した。具体的には,救急搬送のシステムや,フリーアクセスの課題,地域医療における役割分担とネットワークの形成について考えた。そして,医療を中心としたコンパクトシティの可能性と,コミュニティソリューションの可能性について吟味した。

演習問題

〔8.1〕 日本の医療の歴史と現在抱えている課題についてまとめなさい。
〔8.2〕 コンパクトシティ構想を実現している日本の街の事例を調べなさい。
〔8.3〕 医療の課題に対するコミュニティソリューションの可能性について論じなさい。

注 釈

1) 池上直己：医療問題，日本経済新聞社（2010）
2) エコノミスト（2009年9月1日号）
3) 読売新聞医療情報部：数字で見るニッポンの医療，講談社現代新書（2008）
4) 銚子市立総合病院（http://choshi-hospital.jp/）
5) 日経BP：地域医療の崩壊は食い止められるか 銚子市立総合病院「休止」と「再開」の狭間で（2009年）(http://www.nikkeibp.co.jp/article/gdn/report/200907/511516/)
   自治労千葉県本部政策部：銚子市立総合病院の休止から再開にむけた経緯と課題について（2008）(http://www.jichiro.gr.jp/jichiken/report/rep_aichi33/05/0508_jre/index.htm)
6) 1949年〜。日本の医師・医療経済学者。慶應義塾大学教授。
7) Yahooニュース「救急搬送受け入れ拒否問題」(http://dailynews.yahoo.co.jp/fc/domestic/emergency_transportation_acceptance_refusal/)
8) 東京消防庁：救急車の適正利用にご協力を！（http://www.tfd.metro.tokyo.jp/lfe/kyuu-adv/tksei01.html）
9) マイケル・E・ポーター著，山本雄士訳：医療戦略の本質，日経BP社（2009）
10) 伊藤元重：日本の医療は変えられる，東洋経済新報社（2009）
11) 佐々木雅幸ほか：創造都市への展望，学芸出版社（2007）
12) 「コンパクトな都市づくりを目指して〜東北地方におけるコンパクトシティ〜」「データで見るコンパクトシティの必要性」(http://www.thr.mlit.go.jp/compact-city/contents/what_is/our_idea/necessity/suburb/mainFrame.html)
13) 広井良典：創造的福祉社会，筑摩書房（2011）
14) 静岡県立静岡がんセンター（http://www.scchr.jp/）
15) 中日新聞：静岡県の健康事業に世界が熱視線 静岡がんセンターなど連携（2010）(http://iryou.chunichi.co.jp/article/detail/20101210145902245)
    裾野市：裾野市まちづくり戦略プロジェクトプラン（平成21年）(http://www.city.susono.shizuoka.jp/ma/download/h22smspph.pdf)
16) 近藤克則：健康格差社会を生き抜く，朝日新聞出版（2010）
17) ロバート・D・パットナム：孤独なボウリング，柏書房（2006）
    ナン・リン：ソーシャル・キャピタル，ミネルヴァ書房（2008）
18) WHO（http://www.who.int/en/）

9章 プロフェッショナルコミュニティが世界に与える影響

◆ 本章のテーマ

　7章，8章では，公共分野に関心を持つ人々のコミュニティについて扱ったが，続く本章では，プロフェッショナルとそのコミュニティについて扱うことにする。

　プロフェショナルとは，特別な教育訓練を必要とする職業についている人のことである。8章で見た医師も，プロフェッショナルである。プロフェッショナルとそのコミュニティが，いま重要になってきたことの背景には，現代社会は知識社会であり，専門性を持った人々とそのコミュニティの持つ意味はますます大きくなっているということがある。個人にとっても，会社に頼るよりは，自らの専門に頼った生き方が好ましくなりつつある。

　しかし，プロフェッショナルの仕事には大きな責任が伴うため，職業倫理を重んじ，コミュニティを形成してライセンスなどを発行し，自分たちの品質を保つ努力をしている。本章ではこうしたプロフェッショナルとそのコミュニティとそのメディアについて見ていく。

◆ 本章の構成（キーワード）

9.1　プロフェッショナルとは何か
　　　プロフェッショナル，ノーブレスオブリージ，知識社会
9.2　自分をブランド化するプロフェッショナル
　　　博士，高度職業人
9.3　プロフェッショナルと職業倫理
　　　職業倫理，プロフェッショナルアティテュード
9.4　プロフェッショナルコミュニティ
　　　ギルド，業界団体，ユニオン，標準化団体，学会，ライセンス

◆ 本章を学ぶと以下の内容をマスターできます

☞　プロフェッショナルとは何か
☞　いまなぜ，プロフェッショナルなのか
☞　プロフェッショナルに求められるもの
☞　プロフェッショナルコミュニティが果たす役割

9.1 プロフェッショナルとは何か

最初に，**プロフェッショナル**とは何かについて見ておく。プロフェッショナルとは，特別な教育訓練を必要とする職業についている人のことである。西洋社会における古典的プロフェッショナルは，神学，医学，法学の専門家，つまり，聖職者，医者，弁護士などの人々を指していた。加えて，現在は，デザイナー，建築家，企業の企画担当者，技術者，研究者などがプロフェッショナルと呼ばれることが多い[1]（図 9.1）。

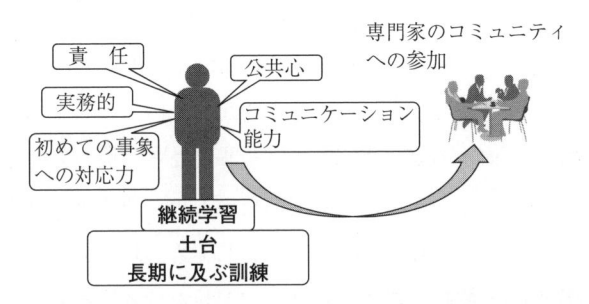

図 9.1 プロフェッショナルとは〔出所：注釈1)，2) より作成〕

では，プロフェッショナルとはどのような特徴を持つ人なのだろうか。

一つ目の特徴は，専門家となるための，長期間に及ぶ教育を受けていることである。二つ目の特徴は重い責任を負っていることである。専門家は，何か重大な事件が起こった場合に，その問題を解決する責任と義務を負っている。なぜなら，専門家は事故や事件が起こった場合，何が起こっているかの本質を理解できる人であり，解決が可能な人であるからである。普通の人にはそれはできない。つまり，選ばれた人としての責任，**ノーブレスオブリージ**を果たさなければならない。三つ目の特徴は実務的であることである。知識を机上の空論で終わらせず，現実の世界で生かし，実践できる人である。四つ目の特徴は遭遇したことのない事態に対処できることである。持っている知識だけで対処できない事態に遭遇した場合でも，知恵を働かせて，対処ができることが求められる。

五つ目の特徴は専門職業団体があることである。専門職業団体は，専門家となるために必要な専門教育の内容の決定や資格試験などを行う。この団体が，プロフェッショナルのコミュニティの核となり，最新の研究成果を発信するメディアともなる。六つ目の特徴は公共へ奉仕しようとする気持ちがあることである。七つ目の特徴はコミュニケーション能力を備えていることである。自分の専門分野について尋ねられたときに，子供にでもわかりやすく説明できるのが真のプロフェショナルである[2]。

八つ目の特徴は継続学習を行っていることである。専門的な知識や技術が必要な分野ほど，達人になればなるほど，学べば学ぶほど，自分が知らないこと，できないことがわかってくる。逆にいえば，「学ぶものはない」と思った時点，つまり「知的好奇心」や「向上心」を失った時点から進歩がなくなる。しかし，現在では，何かのプロフェッショナルとなっていたとしても，その専門が，時代の変化によって，もはや必要のないものになる可能性もある。そこで，いったんプロフェッショナルになったとしても，現在の仕事，専門から，つぎの仕事，専門へと移行することも考えておかなければならない。何か別の専門について同時に学んでおくという選択もあるだろう[3]。最後の九つ目の特徴は専門家からの尊敬を受けていることである。同じ分野の仲間からの尊敬を受けるような業績，ふるまいがプロフェッショナルには求められる[2]。

つぎに，現代においてなぜプロフェッショナルが重要になってきたのかについて考えていく。

一つ目の理由は，現代社会は**知識社会**であり，専門性を持った人材は，これからますます活躍の場が広がるからである。経営学者のP. F. ドラッカー（Peter Ferdinand Drucker）[4] は，今日あらゆる先進国において，最大の労働人口は，肉体労働者ではなく知識労働者になるといっている。さらに，20世紀の初めには先進国においても知識労働者は少なく，全労働人口の3％を超える国はなかったが，今日，米国ではその割合が40％を占めており，他の国でも近々そうなると述べている[3]。

二つ目の理由は，終身雇用が終焉したからである。日本では，第二次世界大

戦後，学校を卒業していったん企業に就職したならば，定年まで勤め上げるのが当たり前，という時代が長く続いた。日本の終身雇用制度は高度成長期において，日本の経済発展を支えるシステムとして機能した。近代においては，日本のみならず，ジェネラルエレクトリック（GE）社やジーメンス社のような海外の大企業も，日本の大企業と同じように新卒者を雇い，定年まで働くものとしていた時代があった[3]。

日本では自分の適性や職種よりも，いかに大企業に就職するかが，新卒学生の興味の中心だった時代もある。そういう時代の「就職」は，「就社」と呼ばれたりもした。加えて，若いうちは，自分の上げた成果よりも低い賃金しかもらえず，年をとると今度は自分の上げた成果よりも高い賃金をもらえるという年功序列型の賃金制度が確立していた。しかし，この制度では，途中で会社を辞めると，大きく損をするしくみになっていた。そのため，つい最近まで，個人が組織を離れて自ら起業する，転職をするということも，日本ではあまり一般的ではなかった。

しかし，時代は大きく変わり，不況，グローバルな競争の進展などは，日本企業から，終身雇用を保持し続ける余裕を奪った。そして，成果主義による賃金決定制度や昇進制度が広く導入されてきた。ところが，成果主義の導入において評価基準や評価過程が完全に公開され，オープンになっている企業は少ない。そうなると社員のなかには，がんばっても評価されていない，ふさわしい賃金がもらえていないという，漠然とした不満が渦巻くことになる。社員にとって企業は，楽しいことができることを求めて在籍しているという性質のものではないとはいえ，たった一度の人生で，やりたいことを追求したいというのは当然ではないか。しかし，それも，いまの会社のなかでかなうかどうかわからない。つまり会社は，もう全面的に頼れる存在ではなくなった。一生，勤められるかどうかはわからない。正当に評価してくれるかもわからない。やりたい仕事ができるかどうかもわからない。こういう時代に満足のいく仕事をしよう，自分で自分を養っていこうと思ったら，どうしたらいいのだろうか。その一つの回答が，プロフェッショナルな個人になることではないかと思う。

三つ目の理由は，フリーであることのリスクの変化が起こったからである。これまでも，とにかく自由に生きることしか考えなかったから，もしくは，やりたいことを追求したかったから，もしくは組織になじめなかったから，フリーランスのプロになった，独立して会社をつくったという人はたくさんいた。けれど，普通の人にとって，プロになるというのは安定した会社員の立場に比べたらリスク，ハードルともに高い選択だったと思う。でも，いまは違う。自立したプロになるほうが，リスクは低いとさえいえる。

四つ目の理由は，企業に勤めていても企業と対等になれるからである。企業にとって利益につながる専門サービスを提供可能ならば，企業に隷属する社員ではなく，企業と対等なプロになれる。ダニエル・ピンク（Daniel H.Pink）のいう，フリーエージェント，すなわち，独立した存在として，より高額の報酬を求めて渡り歩くこともできるが，それには大きなリスクを負うことになる。クリエイティブなプロフェッショナルがみな，フリーエージェントでありたいと考えるとは限らない。クリエイティビティを発揮する機会を，フリーエージェントになることで得られるならばそうするし，企業に入って長年勤めることでそうした機会を得られるならそうするだろう[5]。

9.2　自分をブランド化するプロフェッショナル

さて，プロフェッショナルになれば，企業と対等に仕事ができるだけでなく，自分をブランド化することもできる。第二次世界大戦以前から個人の名前がブランドになっている人物としてフェルディナント・ポルシェ（Ferdinand Porsche）博士[6]を挙げることができる。ポルシェ博士は天才的な自動車エンジニアであり，ポルシェ社の創始者でもある。多くの歴史的名車を設計し，また，個人名がそのままブランドとなって今日に至っている[7]。

ポルシェ博士の例でも明らかなように，日本では，**博士**は大学教授や国公立の研究所の研究員というアカデミックな領域の専門家としてのイメージが強いのに対し，海外では，さまざまな分野でたくさんの博士号保持者が，高度職業

人，高度な専門家，専門分野に強い経営者として活躍してきた．

　大学院のシステムや博士号授与の条件は，国によってさまざまだが，どの国でも，博士号の授与が国際的に通用する一定の水準を超えた専門家である証となっている点では共通している．そのため，海外でコンサルタントとして活躍している人のなかには専門分野にかかわらず博士号を持っている人が少なくない．また，諸外国の一般企業や公的機関においては，研究部門以外の，例えば広報やマーケティングといった部門でも，博士号を持っている人が珍しくない．博士号は，アカデミック分野での学術研究者としてのライセンス的な意味を持つだけでなく，高度職業人である専門家，すなわちプロフェショナルとしての証としての意味を持っている．

　しかし，日本ではいままでのところ，必ずしも博士号所持者は，多方面で十分に活躍してきたとはいえない．企業の人事担当者は，博士は使いにくいなどといった誤った思い込みを持っていたり，博士号所持者の年齢が一般的に20代後半以降で，年をとりすぎているなどといった，年齢差別的な考えを持っていることが多かったからだと思われる．しかし，21世紀の国際化，情報化，新しい技術の進展，それらに伴う産業構造や社会構造の変化に対応するために，国際的に通用する，高度な専門家，**高度職業人**，すなわち博士号を持ったプロフェッショナルがいっそう求められているといえよう[8]．

9.3　プロフェッショナルと職業倫理

　さて，以上のように，プロフェッショナルの仕事には大きな責任が伴うため**職業倫理**が重要になってくる．倫理には他律倫理，すなわち，世の人々の判断に合わせる倫理と，自律倫理，すなわち，善悪を自分で決める倫理があるが，プロフェッショナルが持つべきなのはもちろん，自律倫理である．

　自動車技術者というプロフェッショナルが，職業倫理に従えなかった例として，フォード社の例を紹介する．1960年代後半，フォード社は，ピント（Ford Pinto）という車を販売していた．ピントはその時点で適用されるすべての連

邦安全基準に合格していたが，技術者たちは，衝突によりガソリンタンクが破裂し，車体が燃える可能性があることがわかっており，かつ，その改善方法がわかっていたのに，経済性を優先してその改善を行わなかった。結果的に事故は発生してしまい，フォード社は大きな非難を浴びるとともに，巨額の賠償を支払った。

　どうしてこんな事件が起こるのか。現代社会では，多くの分野において，高度な専門知識が必要になったということがまずある。車の設計のように，人命に関わる分野においても，専門家にしかわからない難しい領域が広がっている。門外漢にはわからない世界が広がったということは，専門家にはそれを理解できる数少ない優秀な人材としての責任，すなわち，ノーブレスオブリージが発生しているということなのだ。現実にはすべてのプロフェッショナルが，そのような重責に耐えるだけの高度な専門能力，そして職業倫理を持っているとは限らない。しかし，プロフェッショナル，専門家にはこうした責任が必ず伴い，職業倫理を持っていなければならないことを，当該分野の人々はつねに自覚し，同じ分野にいる人々を律する努力をする必要がある[9]。

　さて，以上のように，職業倫理はプロフェッショナルについて基本的に必須な条件であるが，プロフェッショナルとして何かの事象，対象に出会ったときにとる態度，すなわち**プロフェッショナルアティテュード**は一様ではないし，また，一様ではないことが許されている。例えば，プロフェショナルのなかには，対象に深く入り込んでいく人と，対象と一定の距離をおく人がいる。

　小児がんの専門医，細谷亮太[10]はプロフェッショナルアティテュードに関してつぎのように著書で述べている。すなわち，がんのように，難しい病を治療する現場では，助けたくとも助けることができなかった子供の患者に対し，どのように接するのかについてはいろいろな考え方がある。子供たちに一生懸命かかわるのは大切なことではあるが，それは仕事上のことで，プライベートな時間は別に考えておかないと，職業を長く続けることが難しくなると考える医者がいる。そういう医者は患者が亡くなっても葬式への参列はしない。その一方で葬式に参列するだけでなく，涙ばかりか声まであげて泣いてしまう医者

もいる。ここで泣いてしまった細谷亮太は，子供の葬式の司式をしていた牧師に

> 「ああいうところで泣いてしまってはプロとはいえないでしょうね」

とたずねたが，それに対して牧師は

> 「いいえ，先生，いくら泣いても騒いでもかまわないんですよ。プロというのは，そんな悲しみのあとでも，つぎの仕事のためにきちんとおいしく食事ができるような人をいうんです」

と答えた。つぎの患者の診療に影響を与えなければ，プロフェッショナルアティテュードとしては，どちらがよいということはないのである[11]。

9.4 プロフェッショナルコミュニティ

さて，つぎにプロフェッショナルがつくるコミュニティについて見ていこう。プロフェッショナルがつくるコミュニティには，過去にはギルドなどがあり，現代では業界団体，ユニオン，標準化団体，学会などがある。これらは，専門家のコミュニティであり，当該分野の最新情報を発信するメディアともなってきた。では一つずつ，見ていこう。

9.4.1 ヨーロッパ中世のギルド

最初に，ヨーロッパ中世のプロフェッショナルコミュニティ，**ギルド**について見ていく。ギルドとは，ヨーロッパ中世の都市の商人や手工業者がつくった，同業者の組合のことで，同業者の共存共栄・相互扶助・市場の独占を目的とした組織である。ヨーロッパの中世においては，同じ職業に従事している者どうしのつながりは非常に重要な意味を持っていた。ペストなどの死病の流行や戦争が絶えない不安定な社会情勢のもとで，人々のよりどころとなる組織となっていた[12]。

ヨーロッパの都市でギルドが設立され始めたのは 11 世紀前半にさかのぼる。この頃，大商人のギルドが設立されている。フィレンツェでは 1182 年に大商人のアルテ（イタリア語でギルドはアルテという）に関する記録が残されている。大商人，法律家，公証人，医者などのギルドのメンバーは都市の中核層を形成した。続いて手工業者や小商人のギルドが結成された。

ギルドは，相互扶助を目的とするだけでなく，業界を統括する機能や，過当な競争を排除し，メンバーの利益を守る機能を持っていた。ある地域内での営業権を独占してメンバー以外の自由な開業を認めず，生産や販売を調整して競争を規制するとともに，営業時間や祝日を指定していた。一方で商品の質や価格を厳しく管理してクオリティの維持に努めた[12]。

自分たちで競争を制限している以上，質を保証する責務を負っていることを彼らはよくわかっていた。商品の質に関するギルドの規定は非常に細かいものだった。例えば，エールには穀物，ホップ，水以外の原料が含まれてはいけない，などの規定があった。品質にかかわる検査は単なる形式にとどまらず，メンバーが予告なしに店を訪れ，質が基準に達しない品物はその場で没収したりしていた[13]。

また，多くのギルドでは親方だけが正式なメンバーとなり，規約を決めてそれに従って役員を選んでいた。問題が起こった場合には，調停する裁判所のような機能も持っていた[12]。

規約は職人の数，修行に必要な期間，親方となるための試験などについても定めていた。修行の期間は長かったが，実践のなかで学習しながら学ぶというやり方は非常に効果があった。熟練した先輩に受け入れられ，交流しつつ，実践のなかで学習するなかで，徒弟は成長していった[14]。

しかし，ギルドが，厳格な規制によって身動きの取れない状態をつくり出していたかというとそんなことはなかった。例えば，フィレンツェのアルテにおいては閉鎖的でも厳格でもなかった。細かに規定された組合の規定も商社の活動を制約するものではなかった。多くのフィレンツェの商人は複数のアルテに同時に登録することで，さまざまなビジネスを行っていた。また，実態として

は，組合の統制を逃れて商売をする場所もあった。例えば旧市場に店を持つ両替商は両替商組合の管轄下にあったが，市外に住んで営業する両替商は規制されていなかった。ギルド，アルテは自由な活動を阻害するというよりも促進するものであったということができる[15]。

9.4.2 現代のプロフェッショナルコミュニティ

つぎに，現代におけるプロフェッショナルコミュニティとして，**業界団体**，**ユニオン**，**標準化団体**，**学会**について見ていこう。業界団体とは，特定分野のビジネスに携わる会員によりつくられる団体である。一方，特定の業務に携わる個人を会員として構成される組合のことはユニオンと呼ばれる。例えば，ハリウッドには監督，俳優などが所属する職種別組合であるユニオンがあり，強い力を持っている[16]。

つぎに標準化団体について見ていく。標準化団体は何らかの標準を決める団体のことである。現代のビジネス，特にITビジネスにおいては，標準化は各社の命運を左右する重要性を持っている。標準の種類には国際標準，国家標準，業界標準などがあり，国際標準を決める団体には，国際標準化機構（ISO）[17]，国際電気通信連合（ITU）[18] などがある。

最後に学会について見てみる。学会とは広辞苑[19]によると，「学者相互の連絡，研究の促進，知識・情報の交換，学術の振興を図る協議などの事業を遂行するために組織する団体」である。日本学術会議に登録された研究団体が学会，という人もいる。大学院の研究科内の研究の場として，学会を置いているところもある。おおまかにいえば，同じ領域の研究を志す人たちが集まって，会合を開いたり，学術出版物を発行したりするところである。学会の出版物としては論文誌やジャーナルがあり，年に数回，もしくは月に1回程度発行されている。論文誌にはレフェリーの査読を通った最新の研究成果が満載されており，その領域を研究するなら必読のものだが，これは会員にならないとなかなか迅速に入手することができないのでたいへん価値がある。専門家あるいはプロを目指すからには学会に入ることが望ましい。なぜなら，専門家どうしの交

流の場としての意義は大きいからである。学会には国際学会もあり，グローバルにプロフェッショナルとして活躍したいと望むなら参加は必須であるといえる。例えば IEEE（The Institute of Electrical and Electronics Engineers, Inc.）[20]は，世界150か国で36万人以上の会員を持つエレクトロニクス分野で世界最大の学会であるが，技術分野ごとに多くのソサイエティとカウンシルが展開されている[20]。

9.4.3 なぜプロフェッショナルはコミュニティを必要とするのか

以上，プロフェッショナルコミュニティについて見てきたが，そもそもなぜ，プロフェッショナルはコミュニティを必要とするのだろうか。一つ目の理由は，自らを頼む自律的なプロフェッショナルであっても，すべてを一人で行うことはできず，重要な情報，助言を仲間から得たいからである。自律を保ちながら，情報を共有し合い，助け合う環境を得ることができれば，プロフェッショナルは大きく成長できる[21]。

二つ目の理由は，プロフェッショナルが提供する技術は高度に知的なものであるゆえに，一定の教育訓練が必要であり，その結果得られた能力に，国家や学会などをはじめとした専門家のプロフェッショナルコミュニティが資格や**ライセンス**を与える必要があるからである。この場合，プロフェッショナルコミュニティは自己規制的共同体として機能する。

三つ目の理由は，コミュニティがメンバーの研究成果を世界に向けて発信するメディアとして機能するからである。

なお，自己規制的共同体とは，新しい成員を教育訓練し，専門職業への参入を認可する独占的権限を保持する共同体である。その専門性を保持し，その質を維持するため，外部の干渉を受けず自らの基準を設定し，その基準に沿って実践している。利他主義と公益性がその共同体のよりどころとなる[2]。

▼本章のまとめ▼

本章では，プロフェッショナルとそのコミュニティについて考察した。プロフェショナルとは，特別な教育訓練を必要とする職業についている人のことである。プロフェッショナルとそのコミュニティが重要なのは，現代社会は知識社会であり，専門性を持った人々とそのコミュニティの持つ意味はますます大きくなっているからであった。個人にとっても，会社に頼るよりは，自らの専門に頼った生き方が好ましくなりつつある現状も観察できた。しかし，プロフェッショナルの仕事には大きな責任が伴うため，職業倫理を重んじ，コミュニティを形成してライセンスなどを発行し，自分たちの品質を保つ努力をしているということもわかった。

演習問題

〔9.1〕 プロフェッショナルについて説明しなさい。
〔9.2〕 いまなぜプロフェッショナルであることが重要なのか論じなさい。
〔9.3〕 プロフェッショナルに求められるものについて説明しなさい。
〔9.4〕 プロフェッショナルコミュニティが果たす役割について説明しなさい。

注釈

1) ロングマンオンライン辞典「professional」(http://www.ldoceonline.com/search/?q=professional)
2) 山田礼子：プロフェッショナルスクール，玉川大学出版部 (1998)
3) P. F. ドラッカー著，上田惇生訳：プロフェッショナルの条件，ダイヤモンド社 (2000)
4) 1909～2005年。ウイーン生まれの経営学者。米国のクレアモント大学院教授。マネジメントのグルと呼ばれる。
5) リチャード・フロリダ著，井口典夫訳：クリエイティブ資本論，ダイヤモンド社 (2008)
6) 1875～1951年。オーストリア出身の自動車エンジニア，ポルシェの設立者。
7) Wikipedia「フェルディナント・ポルシェ」(http://ja.wikipedia.org/wiki/フェルディナント・ポルシェ)
8) 鈴木重徳氏のエッセイに基づく。
9) 石田三千雄ほか：科学技術と倫理，ナカニシヤ出版 (2007)
   藤本温ほか：技術者倫理の世界 第2版，森北出版 (2009)
   宇都宮芳明，熊野純彦：倫理学を学ぶ人のために，世界思想社 (1994)
   赤林朗ほか：入門・医療倫理Ⅰ，到草書房 (2005)
10) 1948年～。東北大学医学部卒業，聖路加国際病院小児科部長，副院長兼務。
11) 細谷亮太：医師としてできることできなかったこと，講談社+α文庫 (2003)

12) 斎藤寛海ほか：イタリア都市社会史入門，昭和堂（2008）
13) ジョセフ・ギースほか著，青島淑子訳：中世ヨーロッパの都市の生活，講談社（2006）
14) ジーン・レイヴ，エティエンヌ・ウエンガー著，佐伯ゆたか訳：状況に埋め込まれた学習　正統的周辺参加，産業図書（1993）
15) ジーン・A・ブラッカー著，森田義之ほか訳：ルネサンス都市フィレンツェ，岩波書店（2011）
16) Wikipedia「業界団体」（http://ja.wikipedia.org/wiki/業界団体）
「ユニオンとは」（http://www.kcstylist.jp/contents.html?page=union）
17) ISO（http://www.iso.org/iso/home.html）
18) ITU（http://www.itu.int/en/Pages/default.aspx）
19) 岩波書店：広辞苑（1998）
20) IEEE（http://www.ieee.org/index.html）
21) 金井壽宏：企業者ネットワーキングの世界　MITとボストン近辺の企業者コミュニティの探求，白桃書房（1994）

10章 企業における知識コミュニティ

◆ 本章のテーマ

　7章，8章では，公共分野に関心を持つ人々のコミュニティ，9章では，プロフェッショナルとそのコミュニティについて扱ったが，本章は，第Ⅱ部の関心に基づくコミュニティの最後として，企業における知識コミュニティについて扱う。

　企業とは，市場に向けて財，サービスの生産を行う経済主体のことである。現代の知識社会において，個人の持つ知識や情報を組織全体で共有し，有効に活用することで業績を上げようという経営手法のことを知識経営というが，本章ではその内容について詳しく述べる。また，企業内で組織的知識創造を実行するためには，コミュニティ・オブ・プラクティスの形成などが有用であるので，その点についても触れる。

◆ 本章の構成（キーワード）

10.1　企業とは何か
　　　　企業
10.2　知識社会における企業
　　　　知識経営，形式知，暗黙知
10.3　企業内で組織的知識創造を実行するために
　　　　ナレッジ・クルー，シャドーワーク
10.4　コミュニティ・オブ・プラクティスとネットワーキング
　　　　コミュニティ・オブ・プラクティス

◆ 本章を学ぶと以下の内容をマスターできます

☞　企業とは何か
☞　知識社会における企業経営
☞　企業内で組織的知識創造を実行するための方策

10.1 企業とは何か

　企業における知識コミュニティについて扱うにあたり，最初に，**企業**とは何かについて考える。企業とは，市場に向けて財，サービスの生産を行う経済主体のことである。なお，経営学者のP.F.ドラッカーは，企業の目的に関して，企業とは利益を得るための組織ではないと述べている。利益は企業の目的ではなく，存続の条件なのである。しかし一方でドラッカーは，企業は利益に関心を持たざるを得ないともいっている。つまり，企業にとって利益は重要であるが目的ではないことがわかる[1]。

　つぎに，企業を深く知るために，企業の分類をどのように行うのかについて確認しよう。企業は大きく，公企業と私企業に分けられる。公企業は国，地方公共団体が出資しているもので，公共の福祉に役立つ，例えば，公共交通事業などを展開している。一方，私企業は人々が出資して設立するものである。私企業はさらに，営利企業と非営利企業に分けられる。営利企業は法人となっているものとなっていないものに分けられる。なお法人とは，組織や人に法人格が認められたもののことをいう。これとは別に，会社法上の会社は，株式会社，合名会社，合資会社，合同会社の4種類に分けることができる[2]。

10.2 知識社会における企業

　つぎに，知識社会において，企業はどのような経営を行う必要があるのか，また，企業内のコミュニティはどのように形成されるのかについて，経営学者の野中郁次郎[3]の議論に基づいて考えていく。知識社会において，個人の持つ知識や情報を組織全体で共有し，有効に活用することで業績を上げようという経営手法のことを**知識経営**という。しかし，知識といっても一様ではない。野中は，人間の知識を2種類に分けている。一つは**形式知**であり，客観的，理性的で順序立っている知識である。一方，**暗黙知**は主観的な経験に基づく知である[4],[5]。

これらの暗黙知，形式知は企業のなかではどのように形成されるのであろうか。野中のいう知識変換モードに従って考えると，まず，企業のメンバーどうしが経験を共有することにより，他人の持つ暗黙値を獲得するプロセスとしての共同化が起こる。ここで現れた知識は暗黙知であるが，言葉や図の形にすることにより，知識は形式知に変換される（表出化）。つぎに，形になった知識を組み合わせ，知識体系をつくるプロセス，すなわち連結化が起こる。こうして得られたビジネス上の知識が，個人に蓄積化され内面化する。このプロセスを通じて企業は知識創造企業となっていく[5]。

　なお，暗黙知，形式知の扱いにおいて，欧米の企業と日本の企業の間には大きな違いがある。一般に欧米の企業では形式知が優先される。なぜなら，西洋哲学の伝統において主要な知識のあり方は形式知であったからである。一方，日本の企業では暗黙知が優先される。日本人は明示的な形式で知識が提示されなくても，コンテキストによって了解を得ることができるからである。これが高度成長期の日本企業の競争力の重要な源泉となった[5]。

10.3　企業内で組織的知識創造を実行するために

　さて，実際に企業内で知識創造を組織的に実行するためには，いくつかのポイントがある。野中らによると，最初に，知識をどう考えるかについてのビジョン，すなわち知識ビジョンをつくり，知識（ナレッジ）生成の中核となるメンバー，すなわち**ナレッジ・クルー**を編成し，相互作用の場をつくる必要がある。さらに，新製品開発のプロセスに相乗りし，ミドル・アップダウン・マネジメントを採用する。このミドル・アップダウン・マネジメントとは，中間層がトップと現場を結びつける手法である。さらに組織をハイパーテキスト型組織に転換し，外部世界との知識ネットワークを構築することで企業内で組織的知識創造を実行することができるようになる。なお，ハイパーテキスト型組織とは，しっかりとした組織とプロジェクトベースのタスクフォースのハイブリッドな組織のことである。なお，企業のなかでナレッジを生み出す環境づく

りや機会を提供し，知識創造を促進する人はナレッジ・イネーブラーと呼ばれる[6]。また，企業で知識を創造していくには場がきわめて重要になる。場とは関係性のための共有空間のことを指す。場をたくさん持っていないと，知識の創造はできない。場には，物理的場もあれば，仮想的場もある。

さらに，**シャドーワーク**の重要性を一條和生は指摘している。シャドーワークとは，組織によって定義され付与される通常の業務からは外れた，個人の自主的な意志と裁量により創造的に編み出される行動のことである。高い内発的なコミットメントを伴う結果，組織が活性化する。創造的な仕事の分野で高い成果を示す人ほど，シャドーワークの占める割合が大きい。ゆえに，企業には，組織の中でシャドーワークを含む多様なワークスタイルや行動を，効率的に誘発していくことが望まれている[7]。

10.4 コミュニティ・オブ・プラクティスとネットワーキング

つぎに，企業内の**コミュニティ・オブ・プラクティス**について見てみる。エティエンヌ・ウェンガー（Etienne Wenger）[8]らは，コミュニティ・オブ・プラクティス（実践共同体）という概念をうち立てて，社会的実践とそこへの参加の過程という形で定式化した。企業におけるコミュニティ・オブ・プラクティスとは，企業の公式組織とは別に存在する知識創造のためのコミュニティのことである。あるテーマに関する関心を共有し，知識を深めていくコミュニティであるということもできる。この中には，部門をまたぐもの，企業の枠を越えたものもあり，構成人数や継続期間もさまざまである。そして，どんなコミュニティ・オブ・プラクティスに属してきたかの履歴が，その人の知識体系そのものを表すことさえある[9],[10]。

コミュニティ・オブ・プラクティスの例として，1988年のダイムラークライスラー社（現ダイムラー社）について見てみる。1988年，クライスラー社は倒産寸前に追い込まれていた。そこで同社では，機能別組織をプラットフォーム別の組織へ転換した。結果として製品開発サイクルは短縮されたが，

10.4 コミュニティ・オブ・プラクティスとネットワーキング

プラットフォーム間で連携がとられないためにイノベーションは共有されず，ミスが繰り返された。このような事態を受け，以前の機能別組織で同僚だった社員たちは，非公式に会合を持つようになり，ネットワークを形成するようになった。この会合はまさに，コミュニティ・オブ・プラクティスとして機能し，大きな役割を果たした[11]。

このようなネットワーク状のつながりは社員の創造性を喚起する。複数の場に参加して，たとえ同じ相手に遭遇したとしても決してむだではなく，信頼性が増す結果になる。重層的メンバーシップは一見むだに見えるが，じつは貴重なものなのである[12]。

こうした企業者にとってのネットワーキングは米国的な現象であるともいえる。米国人は個人を大切にするが，同時にコミュニティ活動にもエネルギーを多く使っている。個を尊重することと，コミュニティやネットワークを大切にすることは，日本企業が長らく軽視してきたことである。いま，それが反省とともに注目され，知識社会における切り札として活用されようとしている[12]。

▼**本章のまとめ**▼

　本章は，第Ⅱ部の関心に基づくコミュニティの最後として，企業における知識コミュニティについて扱った。企業とは，市場に向けて財，サービスの生産を行う経済主体のことである。現代の知識社会において，個人の持つ知識や情報を組織全体で共有し，有効に活用することで業績を上げようという経営手法のことを知識経営というが，本章ではその内容について詳しく述べた。人間の知識は形式知と暗黙知に分かれており，知識変換プロセスによってこれらが社員，また組織に蓄えられていく。また，企業内で組織的知識創造を実行するためには，ナレッジ・クルーを活用したり，コミュニティ・オブ・プラクティスの形成などが有用であることがわかった。

演習問題

〔10.1〕 企業について説明しなさい。
〔10.2〕 知識社会における企業経営について論じなさい。
〔10.3〕 企業内で組織的知識創造を実行するための方策について論じなさい。

注 釈

1) 青山学院大学国際マネジメント研究科：MBA 国際マネジメント大辞典, 中央経済社 (2007)
 上田惇生：利益は企業存続の条件であって目的ではない (2007) (http://diamond.jp/series/drucker_3m/10013/)
2) 近藤光男：会社法の仕組み, 日経文庫 (2006)
3) 1935 年〜。日本の経営学者。一橋大学名誉教授。知識経営の提唱者として知られる。
4) IT 用語辞典「ナレッジマネジメント」(http://e-words.jp)
5) 野中郁次郎, 竹内弘高：知識創造企業, 東洋経済新報社 (1996)
6) ゲオルク・フォン クロー著, 野中郁次郎, 一條和生訳：ナレッジ・イネーブリング, 東洋経済新報社 (2001)
7) 一條和生：シャドーワーク, 東洋経済新報社 (2007)
8) 1952 年〜。スイス生まれの教育理論学者。コミュニティ・オブ・プラクティスの提唱で知られる。
9) ジーン・レイヴ, エティエンヌ・ウェンガー著, 佐伯ゆたか訳：状況に埋め込まれた学習 正統的周辺参加, 産業図書 (1993)
10) エティエンヌ・ウェンガーほか著, 櫻井祐子訳：コミュニティ・オブ・プラクティス, 翔泳社 (2002)
11) 情報マネジメント用語辞典「コミュニティ・オブ・プラクティス」(http://www.atmarkit.co.jp/aig/04biz/cops.html)
 NTT データ経営研究所「企業における知識共有とコミュニティ・オブ・プラクティス」(http://www.keieiken.co.jp/monthly/2007/0704-10/index.html)
12) 金井壽宏：企業者ネットワーキングの世界 MIT とボストン近辺の企業者コミュニティの探求, 白桃書房 (1994)

第Ⅲ部

インターネットコミュニティ

　第Ⅲ部では，メディアとしてのインターネットと，インターネット上のコミュニティについて扱う。具体的には，ソーシャルメディア，市民ジャーナリズム，インターネットコミュニティで行われる創作活動，オープンイノベーション，そして，インターネットとグローバル市民社会について詳しく見ていく。

11章 ソーシャルメディアの発展

◆ 本章のテーマ

　本章では，第Ⅲ部で扱うインターネット上のコミュニティのうち，ソーシャルメディア上のコミュニティに焦点を当てていく。
　インターネットメディアのなかでも，個人が情報を発信し，形成していくメディアのことを特に，ソーシャルメディアと呼ぶが，ソーシャルメディアは，いまや，人々の生活になくてはならないものとして定着してきた。企業にとっては，新製品をプロモーションするための重要な場にもなっている。本章では，ソーシャルメディアを活用した事例を挙げて，ソーシャルメディアというインターネット上のコミュニティについて本質を考察していく。

◆ 本章の構成（キーワード）

11.1　フラット化する世界
　　　フラット化，ソーシャルメディア，
　　　ソーシャルネットワーキングサービス
11.2　広告業界の変化
　　　広告費，共感，トリプルメディアマーケティング
11.3　クチコミマーケティング
　　　クチコミ，広告らしくない広告

◆ 本章を学ぶと以下の内容をマスターできます

☞　ソーシャルメディアの本質
☞　ソーシャルメディアを活用した広告
☞　クチコミを活用した広告

11.1 フラット化する世界

インターネットの発展は，24時間いつでも，世界のどこに対してでも，誰とでも，容易にコミュニケーションが可能な世界をつくり出した。著名なジャーナリストのトーマス・フリードマン (Thomas L. Friedman) は，この現象を**フラット化**した世界と名付けた[1]。

フリードマンによると，フラット化はグローバリゼーションと密接な関わりがある。なお，グローバリゼーションは段階を追って発展してきた。歴史を振り返ると，1492年〜1800年頃には，国家が腕力を背景に世界統一を図ろうとした「国のグローバル化」が起こり，1800年〜2000年頃には多国籍企業が市場と労働力を求めてグローバル化する「企業のグローバル化」が起こった。そして，2000年からは個人がグローバルに力を合わせ，またグローバルに競争をする「個人のグローバル化」の時代となった。ここで生まれた，個人のグローバル化，フラット化という現象は個人の発信力を非常に強めた[1]。

以上のような時代の流れのなかで，インターネットメディアを使って個人が情報を発信し，形成していくメディアが生まれた。それは**ソーシャルメディア**と呼ばれるようになった。図11.1に示すようにテレビや新聞のようなマスメディアが一対多型のメディアであるとすると，ソーシャルメディアは多くの個人や組織がたがいにコミュニケーションをとり合う多対多型のメディアであ

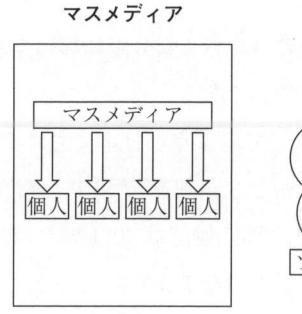

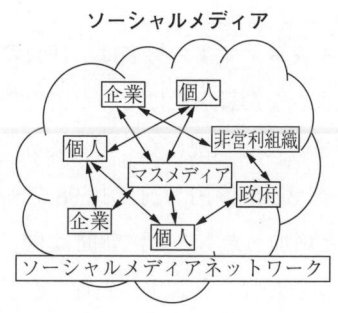

図11.1　マスメディアとソーシャルメディア

る。

　ソーシャルメディアの方法で人々をネットワーキングするサービスのことを**ソーシャルネットワーキングサービス**（SNS）と呼ぶ。このSNSを使えば，人は友人，知人，ビジネスパートナーなどとリアルタイムにいつでもつながり合い，情報を共有し合うことができる。2009年時点で，SNSの会員数は7 000万人以上であるといわれている[2]。また，SNSは多くの人がほとんど毎日利用しており，日常生活において身近な存在となった[3]。

　2010年頃からは，SNSであるフェイスブック（Facebook）[4]やミニブログであるツイッター（Twitter）[5]などのソーシャルメディアが注目されるようになった。ツイッターに関しては，2010年の1日の平均ツイート数は世界で5 000万件であった[6]。一方のフェイスブックは2012年において利用者が10億人を超えた。フェイスブックは2010年には，米国のインターネットサイト訪問者数のシェアでグーグル（Google）[7]を抜き首位に立った[8]。なお，現在，世界111か国において，フェイスブックがSNSのトップシェアを占めているといわれている。とはいえ，非英語圏，特にアジアではローカルなSNSのシェアも高いということが観察されている。中国では人人網[9]，韓国ではサイワールド（Cyworld）[10]，日本ではミクシイ（mixi）[11]などのシェアが高い[12]。

11.2　広告業界の変化

　ソーシャルメディアの発展は，社会のさまざまな分野に影響を及ぼしているが，特に大きな影響を受けたのが広告業界である。そこでつぎに，この広告業界が，いまどんな状況になっているか見てみよう。日本における2010年の**広告費**は5兆8 427億円，前年比98.7％と3年連続で減少した[13]。テレビは101.1％と増加したものの，新聞は94.9％，雑誌は90.1％と減少した。日本経済が不況から脱しきれず，先行きが不透明なままであるため，広告主の多く（79.1％）は今後も広告費を抑制したいと考えている[14]。

　そうしたなかでも，インターネット広告費が前年比109.6％，7 747億円と

成長しているのは特筆に値する。さらに，不況のなかであっても，広告主の31.3％[14]が今後もインターネットの積極活用に取り組むことを考えていることがわかっている。

広告代理店各社にとっては，厳しい環境下にあっても広告主のインターネットへの関心が高いことは朗報であるが，インターネットの広告に取り組むに当たっては難しさもある。インターネットに関係する広告・広報は，テレビなどを活用したものとは異なる方法論が必要である。また，いわゆる4マス広告に比べて安価に実行可能であるがゆえに，場合によっては広告主が自力で展開できる場合も多く，広告代理店にとって簡単に収益化できるとはいいにくいからである。

注目を集めるインターネット広告であるが，この領域では毎日のように新しい手法が生み出されては消えていく。1995年頃には，バナー広告やメール広告などが注目されたが，その後，グーグルの登場で流れは大きく変わった。消費者の検索結果に合わせて広告を表示する検索連動型広告や，行動に合わせて広告を出すターゲット広告などが注目されるようになった。また，ユーチューブ（YouTube）はインターネットにおける動画共有の可能性を切り開いた。

そして2010年頃からは，ソーシャルメディアを活用した広告をどのように展開するかが企業にとっての課題になっている。消費者は自分の友人の感想やコミュニティのなかで語られるクチコミ，信頼する有名人のコメントによって動くようになり，企業の一方的なメッセージは信用されにくくなった。しかし，企業がソーシャルメディア上で真摯に消費者の質問に対応したり，親しみのあるコミュニケーションを展開した場合には，評価は高くなる効果も生まれるようになった。ゆえに，ソーシャルメディアを使いこなす企業とそうでない企業の間には大きな格差ができ始めた。

こうした傾向の決定打となったのが東日本大震災であった。この日を境に消費者のマインドは大きく変わり，また，企業のコミュニケーション活動の方向性は確実に変化した。競合を意識した戦略から，社会のなかでの商品，企業の役割を強く意識した戦略への転換，企業の志を明示し，社会を活気づける方向

性の強化といった変化が広告主に見られるようになった。なかでも消費者と向き合い，**共感**を呼ぶコミュニケーション，コミュニティにおける絆の重要性が強く意識されるようになった。しかし，この認識は，震災によって突然生まれたものというよりも，ソーシャルメディアの普及による企業と消費者の関係性の変化としてすでに表れており，それが震災によって顕著なものになったというべきであろう[15]。

このようにソーシャルメディアをはじめとしたインターネット広告は注目を集めているが，単体で活用されるわけではない。他のさまざまなメディアと組み合わせ，それぞれの特徴を生かして最大の効果を狙う場合が多い。こうした手法をクロスメディアマーケティングと呼ぶ。広告主も，重要な課題としてクロスメディア展開をいかに行うかを挙げている。クロスメディアをすでに展開した企業では，インターネットとテレビを組み合わせたと回答した企業が多かった（61.4％）が，広告主はさまざまなメディアの組合せを模索している状態である[16]。

なお，こうした手法を**トリプルメディアマーケティング**と呼ぶ場合もある。ソーシャルメディア，サードパーティメディア（マスメディアなど），オウンドメディア（企業の自社メディア）の組合せに着目した場合，このように呼ばれる。

11.3　クチコミマーケティング

上述したように，インターネット上の**クチコミ**は，消費者の購買に深く影響を与えるようになってきており，企業にとって無視できない存在になってきた。そこでつぎに，クチコミについて考えてみよう。

クチコミとは，人の口から口へと個別的に伝えられるコミュニケーション方法のことをいう。マスコミと対比してつくられた造語として，1960年代後半より使用されるようになった。この情報の発信源となるのは，オピニオンリーダーの意見，家族や友人との会話，世間でのうわさ話などである。さらに現代

では，前節で述べたような SNS やブログなどが新たなクチコミの発信源となっている[17]。この SNS などにより，消費者自身が情報，クチコミの発信者となることができるようになり，企業が介入できない空間でのやりとりが可能になった。この状況を見て企業も放置することはできず，積極的にクチコミを活用したマーケティングを行うようになった。

クチコミマーケティングの有用なツールの一つに，ツイッターがある。ツイッターでは，リアルタイムな情報提供を行うことができるため，「いまから時間限定セールを始めます」といった情報を発信することができる。しかし，ツイッターは購買促進だけでなく，企業がファンを獲得する際にも活用できる。現在，日本では人口は減少傾向にあり，また，新規顧客獲得のコストが高まっていることもあいまって，一度商品を買った顧客と長期的な関係を築いていきたいという企業が増えている。こうした要望にツイッターは応えられる。ツイッターを使えば，企業の担当者と顧客が個人的，かつ親密なやりとりや相談事をリアルタイムでかわすことができる。また，企業がフォローしてくれた顧客に対し，日常的な雑談も含めて継続的に情報を提供していけば，企業と顧客の関係は活性化する[18]。

株式会社ロッテ[19]のガム製品フィッツ（Fit's）[20]は，テレビ CM や，ソーシャルメディアを活用し，話題の喚起とクチコミによる商品認知を行ったプロモーションを行い成功した好例である。以下，このプロモーションがなぜ成功したのかについて考察する。

2009 年に発売を開始したフィッツは，若年層をターゲットに，ソフトなガムベースを使用し，やわらかさを実現した商品として登場した。また，パッケージには，引き抜けばすぐに食べられる世界初の新形態パッケージを採用することで，気軽に食べられることをアピールした。フィッツは，基本的にガムにあまり親しんでいない若者に向けてのガムとして企画されたので，ターゲットに到達するため，インパクトのあるテレビ CM が制作された。さらに，消費者が参加可能な，ダンスコンテストを開催した。このダンスコンテストは，フィッツの CM で使われた音楽に合わせて，一般の消費者が自分で踊り，その

様子を自分で撮影して、ユーチューブに投稿し、その動画の再生回数を競うコンテストである。再生回数の一番多かった人には、賞金などの特典が与えられることになった。第1回のコンテストでは、1000件以上の動画が投稿され大きな話題となった。消費者は動画を投稿した後も、自分の身近にいる人に、ソーシャルメディアを通じて、動画を見るようにクチコミで促したことから、たくさんの人々が興味を持ち、浸透していった[21]。

以上のことから、これからの広告では、顧客とのコミュニケーション、コミュニティづくりを重視した、**広告らしくない広告**、参加できる広告という要素が重要になってくるということができる。広告の分野においても、コミュニティの存在感が増していることがわかる。

▼本章のまとめ▼

本章では、インターネット上のコミュニティのうち、ソーシャルメディア上のコミュニティに焦点を当てて見てきた。インターネットメディアのなかでも、個人が情報を発信し、形成していくメディアのことを特に、ソーシャルメディアと呼ぶが、ソーシャルメディアは人々の生活になくてはならないものとして定着してきた。そのため、企業にとっては新製品をプロモーションするための重要な場にもなっていることが事例から明らかになった。企業の広告が、顧客とのコミュニケーションや共感を得ることを重視するようになったことがその後押しをしている。顧客のクチコミを活用した事例からは、これからの広告は、顧客とのコミュニケーション、コミュニティづくりを重視した、広告らしくない広告、参加できる広告という要素が重要になってくることがわかった。

演習問題

〔11.1〕 ソーシャルメディアの本質とは何かをまとめなさい。
〔11.2〕 ソーシャルメディアを活用した広告を提案しなさい。
〔11.3〕 クチコミを活用した広告を提案しなさい。

注　釈

1) トーマス・フリードマン：フラット化する世界，日本経済新聞社（2006）
2) 総務省情報通信政策研究所：ブログ・SNS の経済効果に関する調査研究（2009）
3) 総務省：情報通信白書平成 22 年度版（2010）
4) フェイスブック（http://www.facebook.com/）
5) ツイッター（https://twitter.com/）
6) ITmedia：Twitter が創業 5 周年　1 日当たりの平均ツイート数は 1 億 4000 万件（2011）(http://www.itmedia.co.jp/enterprise/articles/1103/15/news016.html)
7) グーグル（https://www.google.com/）
8) 日本経済新聞：フェイスブック，グーグル抜き首位へ（2011）(http://www.nikkei.com/news/headline/article/g=96958A　9C93819696E3E2E2998DE3E2E2E3E0E2E3E3869891E2E2E2)
9) 人人網（http://www.renren.com/）
10) サイワールド（http://www.cyworld.kr/）
11) ミクシイ（http://mixi.jp/）
12) 日経デジタルマーケティング：ソーシャルネット・経済圏，日経 BP 社（2011）
13) 電通：日本の広告費（2011）
14) 日経広告研究所：広告白書 2010，日本経済新聞出版社（2010）
　　 日経デジタルマーケティング：ソーシャルネット・経済圏，日経 BP 社（2011）
15) 宣伝会議（2011 年 6 月 15 日号）
16) 日経広告研究所：広告白書 2010，日本経済新聞出版社（2010）
17) 福山千晴：ソーシャルメディアを活用したバイラル CM に関する研究，東京工科大学メディア学部卒業論文（2012）
　　 現代用語の基礎知識，自由国民社（2010）
18) 野崎耕司ほか：Twitter マーケティング，インプレスジャパン（2009）
19) 株式会社ロッテ（http://www.lotte.co.jp/）
20) 株式会社ロッテ「Fit's シリーズ」(http://www.lotte.co.jp/products/catalogue/gum/08.html)
21) 株式会社ロッテ「ニュースレター 2009 年 7 月号」(http://www.lotte.co.jp/news/news751.html)

12章 インターネット上の市民ジャーナリズム

◆ 本章のテーマ

　インターネットコミュニティは，人々のコミュニケーションや広告に活用できると同時に，ジャーナリズムにも活用することができる。インターネットの普及によって広く市民が記事を書き，発表し，コミュニティ内で共有することのできる，いわゆる市民ジャーナリズムがおこってきた。市民ジャーナリズムに携わる市民ジャーナリストは，身近な話題や，たまたま遭遇した大事件などについて，市民の目線から優れた記事を書くことができる。しかし，市民ジャーナリズムのサイト運営は困難を極める。
　本章では，さまざまなタイプの市民ジャーナリズムのサイトを取り上げて検証し，市民ジャーナリズムのあり方について考察する。

◆ 本章の構成（キーワード）

12.1　市民ジャーナリズム
　　　　市民ジャーナリスト
12.2　市民ジャーナリズムサイトの分類
　　　　持続可能なメディア，情報を疑う責任
12.3　市民メディアの可能性
　　　　新しいメディアの生態系

◆ 本章を学ぶと以下の内容をマスターできます

- ☞ 市民ジャーナリズムとは何か
- ☞ 市民ジャーナリズム実現のためのさまざまな実例
- ☞ 市民ジャーナリズムの将来

12.1　市民ジャーナリズム

　市民ジャーナリズムについて考えるにあたり，最初に，ジャーナリズムとは何であるかを確認する。

　ジャーナリズムとは，取材・執筆・編集を行い，メディアを通じて，言論と報道の自由のもとで，記事などを広く人々に伝えることである。これまではジャーナリズムの活動は主として，報道機関に所属するプロの記者により行われてきた。しかし，インターネットの普及により，広く市民が記事を書き，発表することのできる場が生まれ，いわゆる市民ジャーナリズムがおこってきた。

　市民ジャーナリズムに携わる**市民ジャーナリスト**は，身近な話題や，自分の専門領域，もしくは，たまたま遭遇した事件などについて，プロの記者とは異なる，市民の視線による記事を書くことに大きな特徴がある。だが，市民ジャーナリストは，プロの記者のように政府や大企業へ取材を行ったり，政府や大企業が開く記者会見，記者発表に出席することは困難である。なぜなら，こうした機会に招待を受けられるような一部の有名な市民ジャーナリストを除けば，多くの場合，記者会見，記者発表に出席することが困難であったからである。日本の市民ジャーナリストにとって一つの壁となっているのが，記者クラブと呼ばれる日本特有のしかけである。これは，政府や大企業の記者会見，記者発表には，あらかじめ記者クラブに加入しているマスコミだけが参加することができるというしくみである。結果的に，政府や大企業で起こった事象に関しては，市民ジャーナリストは，新聞やテレビなどのマスコミの記事を読んで，それへの感想を書く場合が多い[1]。

12.2　市民ジャーナリズムサイトの分類

　つぎに，市民ジャーナリズムを提供するサイト，サービスを分類して見ていく。一つ目は，市民ジャーナリストが参加可能だが，提供側の編集の入る

ニュースサイトである。米国のグラスルーツメディア（Grassroots Media）[2]，韓国のオーマイニュース（OhmyNews）[3]などがこれにあたる。二つ目は，誰でも投稿ができ，かつ提供側の編集の入らない，いわゆる投稿サイトである。米国のユーチューブ，CNN iレポート（CNN i Report）[4]などがこれにあたる。三つ目は，投票によってランキングをつけるソーシャルニュースサイトであり，米国のディグ（Digg）[5]などがこれにあたる。四つ目は，政府の機密情報などを公開することを目的にするサイトであり，ウィキリークス（WikiLeaks）[6]がこれにあたる。五つ目は，コミュニケーションを目的にしたサイトが結果的に市民ジャーナリズムのようになった例であり，フェイスブック，ユーチューブがこれにあたる。六つ目は，記者はプロフェッショナルであるが，運営面で市民の力を借り良質な記事を提供しているサイトであり，プロパブリカ（ProPublica）[7]がこれにあたる。続けてこれらについて細かく見ていこう。

12.2.1 グラスルーツメディアとダン・ギルモア

最初に，市民ジャーナリストが参加可能だが，提供側の編集の入るニュースサイトとして米国のグラスルーツメディアとその創始者のダン・ギルモア（Dan Gillmor）[8]について見ていく。ギルモアはシリコンバレーのサンノゼマーキュリーニュース（San Jose Mercury News）[9]でコラムニストとして活躍していたが，2005年に同社を退社して市民ジャーナリズムのサイトを立ち上げた。ギルモアは，市民ジャーナリストをジャーナリズムの革新者と考えて，サンフランシスコ湾岸に地域を限定した，独自のローカルなニュースの発信を目指した[10]。

ギルモアは，民主化したメディアの時代には，誰もがメディアの発信者になることができ，メディアの消費者はクリエイターに，そしてクリエイターはコラボレーターになっていくという大変革が進んでいると考えて，これらの試みを行った。しかし，残念なことに，このプロジェクトは成功しなかった。期待していたジャーナリズムの革新は起こらず，また，ビジネスとしても成功せず，2006年には会社を手放す結果となった[10]。

なぜこの試みは成功しなかったのだろうか。いくつかの原因が考えられるが，一つ目の原因としては，市民ジャーナリストの養成やコミュニティ形成に不足があったのではないかという指摘がされている。市民ジャーナリストがなかなか育たなかったので，結局，ギルモア自身が，またプロのジャーナリストが主として記事を書くことになり，市民ジャーナリストにはあまり活躍の場が与えられなかった。二つ目の原因としては，記事の配信先が確保できず，収入源を確保できなかった点が挙げられる。いずれにせよギルモアは有名なジャーナリストであったし，グラスルーツメディアはインターネット時代を象徴する試みとして注目されていたのにもかかわらず成功できなかったということで，結果として市民ジャーナリズム自体に懐疑的な認識が広まった[11]。

ギルモアは2012年現在は，大学教授として，**持続可能なメディア**を自らつくることのできる人材教育に取り組んでいるという[12]。また，ギルモアは，執筆した作品を草稿の段階からインターネットで公開し，読者の意見を募り，反映させるという作業を行っている。こうしてできた作品に関しては，書籍を有料で刊行するだけでなく，ローレンス・レッシグの提唱する，クリエイティブコモンズ[13]のライセンスによって無料でダウンロードできるようにしている。ギルモアは，当初考えていた市民ジャーナリズムというコンセプトにこだわることなく，より広く，インターネット，そのうえでのクリエイションとコミュニケーション，そしてビジネスに関心を広げていったようである[10]。

12.2.2 オーマイニュース

つぎに，オーマイニュースのケースについて見てみよう。オーマイニュースは2000年に韓国で，オ・ヨンホ（呉 連鎬）[14]が中心となって設立した市民ジャーナリズムのサイトである。オーマイニュースは韓国では多くの市民ジャーナリストが参加し，政治から日常の話題まで多くの記事が掲載され注目を集めた。2002年の大統領選では，苦戦を予想されていた候補が勝利したが，その当選にあたっては，オーマイニュースの活動が大きな影響を与えたといわれている。しかし，それ以降はブログやソーシャルネットワークサービスの普

及などの影響により，利用の減少が続いた。

　日本版のオーマイニュースの開設にあたっては，ソフトバンクが出資して2006年にサービスを開始した。初代編集長にはジャーナリストの鳥越俊太郎[15]が就任した。しかし，経営が悪化したため，2008年には体制，サービスを変えるため，ソフトバンク出身の社長が就任した。そして，企業とのタイアップによる専門サイトとしてリニューアルした。オーマイライフと名前も変え，企業とのタイアップによる商品情報を中心に据えた。だが，不況の影響などもあり，売上げの中心と考えていた広告は伸び悩み，2009年には日本版のサイトは閉鎖された。

　オーマイニュースおよびグラスルーツメディアのケースからは，市民ジャーナリズムのサイトはサービスそのものを成立させることは難しいこと，また当たり前のことだが，経営基盤が整っていなければサービスを続けることはできないことが読みとれるだろう[16]。

12.2.3 投稿サイト

　つぎに，誰でも投稿ができ，かつ提供側の編集の入らない，いわゆる投稿サイトについて見ていく。米国のユーチューブ，CNN iレポートなどがこれにあたる。ユーチューブは非常に巨大な動画共有サイトであるが，市民ジャーナリストが動画を投稿する場としても使われている。しかし，誰でも投稿ができ，かつ提供側の編集がほとんど入らない（著作権上問題のあるビデオを削除するなどは行っている）サイトであるので，波紋や議論を呼ぶ映像が投稿されることもある。

　2010年に尖閣諸島付近で中国漁船と日本の海上保安庁の巡視船が衝突する事件が起きたときにも，議論を呼ぶ映像が投稿された。この事件では，現職の海上保安官が，衝突の際に撮影されたビデオを無断で持ち出し，ユーチューブで公開したということが，のちに判明した。この行為に対しては，広く情報を提供した行動として賞賛する声もあったが，当該の海上保安官は結局，責任をとって退職をすることになった[17]。

一方，誰でも投稿でき，かつ世界へ発信できるというユーチューブの特徴を生かした例もある。東日本大震災によって大きな被害を受けた福島県南相馬市の市長は，2011年3月24日，自ら出演する11分のビデオを制作した。市長は地震，津波，放射能汚染という災害に襲われ，救援物資が届かない窮状を訴え，支援を求めた。なお，ビデオは日本語で収録されたが英語の翻訳文が付け加えられた。市長はこのビデオを，意識的に日本国内でしか見られないメディアではなく，ユーチューブに投稿した。このメッセージは市長の意図通り，世界の多くの人々に届き，支援を促した[10]。

東日本大震災のような非常事態において，ユーチューブのような動画サービスが，いかに大きな役割を果たせるかがこの事例からも明らかである。このことを認識したNHKは，自社が制作しているニュース番組などを動画サービス経由で配信し，世界中で視聴可能にした。残念ながら，この試みは一時的なもので終わったが，実現した意義は大きい[10]。

つぎに，米国の投稿サイトとしてCNNiレポートがあるので，これを見ていく。CNNiレポートはメジャーな局であるCNNが提供するサイトであるが，編集は行わないサイトとして立ち上げられた。このサイトには事件の現場に居合わせた視聴者からの投稿，例えば，各国での政治的な抗議運動の写真などが寄せられており，一定の成果を上げてきた[18]。

しかし，誤報もあった。2008年10月に，CNNiレポートに，アップル社のCEO，スティーブ・ジョブズ（当時）が深刻な心臓発作を起こしたという記事が投稿された。アップル社の株価は一時急落したが，これは誤報であるとすぐ判明した。CNNiレポートでは，記事の検証が行われていないので，誤報が掲載される可能性はつねにある。そこで，この事件のあと，サイトにアクセスすると，「CNNiレポートは一般の人々がニュースを投稿するサイトです。掲載されている記事には，編集，校閲，選別といった作業は行っていません。CNNiレポートのマークがついている記事だけは，CNNがチェック作業をしています」という表示がなされるようになった。個々から明らかなように，市民ジャーナリズムのサイトを見る読者には，情報リテラシーが求められる。つ

まり，ダン・ギルモアのいうように，**情報を疑う責任**があるということである。情報を鵜呑みにすることには危険が伴う[10]。

12.2.4 ソーシャルニュースサイト

投票によってランキングをつけるソーシャルニュースサイトについて見ていこう。米国のディグなどがこれにあたる。ディグは2004年に始まったソーシャルニュースサイトであるが，利用者がインターネット上で見つけたニュースをリンクによって紹介し，ほかの利用者と共有するサイトである。面白いニュースに投票をしたり，コメントを投稿することができる。また，人気のある記事はよい位置に掲載されるしくみになっていた。ディグには編集者がおらず，ニュースの投稿や評価が利用者によって行われている点に特徴がある。なお，ディグは広告配信などによる収益源の確保に取り組むとともに，2008年の大統領選の報道においては，テレビネットワークのCBSと協力し，マスメディアとソーシャルメディアの連携による報道を行った[19]。

12.2.5 政府の機密情報などを報道することを目的にするサイト

つぎに，政府の機密情報などを公開することを目的にするサイトとして，ウィキリークスについて見ていく。

ジュリアン・アサンジ（Julian Paul Assange）[20]により2006年に開設されたウィキリークスは，誰でも容易に匿名で投稿を行うことができる点に特徴がある。これが確保されていることにより多くの機密情報が寄せられるようになった[21]。

ウィキリークス以前にも，告発サイトはすでにあった。しかし，情報源保護をウィキリークスほど徹底し，かつ，国際的に知られるようになったサイトはそれまでなかった。アサンジは，権力者が市民によってチェックされれば，よりよい政治が実現すると考えており，ウィキリークス立上げにあたって，情報の公表の権利を確立することを目指していた[22]。

ウィキリークスが広く知られるようになったのは，2010年に，アフガン戦争の資料，イラク戦争の資料，米国国務省の外交公電25万件以上を公表した

ことによる。ウィキリークスは，これらにあたっては，ニューヨークタイムズ (The New York Times)[23]，ガーディアン (The Guardian)[24]，シュピーゲル (Der Spiegel)[25] といった大手メディアと協力して確認作業を行い，公表を行っている。アサンジは，必要に応じてプロのジャーナリストとも協力するという現実的な選択をしていたのである[22]。

この公開を知り，米国政府の国務長官ヒラリー・クリントン (Hillary Rodham Clinton)[26] は，記者会見でウィキリークスを批判したが，世界中の多くのジャーナリストやメディアはウィキリークスへの支持を表明した[22]。

以上のように，ウィキリークスは，匿名の告発者による機密情報の公開というだけにとどまらず，ジャーナリズムそのものが進化していることを示す例となった[10]。

12.2.6 コミュニケーションを目的にしたサイト

つぎに，コミュニケーションを目的にしたサイトが結果的に市民ジャーナリズムのようになった例として，フェイスブックについて見ていく。

フェイスブックは，読者と記者のコミュニケーションをベースにしたジャーナリズム，すなわち，ソーシャルジャーナリズムが実現可能なプラットフォームとして注目を集めている。市民ジャーナリスト，プロのジャーナリスト問わず，フェイスブックにファンページを設けて情報発信している例は数多い。

また，フェイスブックは多くの利用者を獲得しているため，マスメディアにとっては利用者を顧客ベースとして囲い込めないかという期待もある。また，自社サイトへの導線としての期待もある。事実，米国のトップ25社のニュースサイトにフェイスブック経由でアクセスする人が急増しており，マスメディアにとってフェイスブックの存在感が大きくなっている[27]。

12.2.7 運営面で市民の力を借り，良質な記事を提供している例

続けて，記者はプロフェッショナルであるが，運営面で市民の力を借り，良質な記事を提供しているサイトの例を見ていく。プロパブリカがこれにあた

る。2007年に発足したプロパブリカは，長期間の独自取材によって政府や企業の不正を明らかにする調査報道を行うサイトとして著名である。年間の運営資金の大半は市民および団体の寄付によってまかなわれている。記事はインターネット上に無料公開しているが，マスメディアとの提携も積極的に行っており，記事がそうしたメディアに掲載されることも多い。2010年には，オンラインメディアとして初めてピューリッツァー賞を受賞した。対象となった作品は，ニューオーリンズを襲ったハリケーン・カトリーナの被災現場を長期にわたって取材したものである[28]。

12.3 市民メディアの可能性

　以上述べてきたように，市民メディアの可能性は大きい。インターネットの発展，携帯電話やパソコンの普及によって，情報を発信する人が増えた。リアルタイムに現場からニュースを発信するのは，マスメディアだけではなく，すべての人々になった。

　メディアがマスメディアを意味した時代はすでに終わった。情報の発信は誰でもできるようになった。しかし，携帯電話やパソコンなどの情報端末を持っているからといって，すぐに，誰もがジャーナリストになれるというわけではない。ダン・ギルモアのいうように，人々の役に立つ情報を発信したいのならば，信頼を得ることが大切になる。そのためには徹底的に調査し，正確に事実関係をとらえて書くこと，そして公平にふるまい，独立して考えること，さらに，透明性を保つことが重要である[10]。

　一方，インターネット時代に，新しいメディアを開設したいと思う人は，どのようにしたらよいのだろうか。ダン・ギルモアは，この点に関しては，会話を続け，読者をジャーナリズムの制作過程に招き入れることを提案している。また，コミュニティに根ざした信頼のネットワークをつくり，評判を最も重要な要素として利用することも提案している。報道はテーマ主導型に，記事のスタイルは新しい情報を入手しだい，逐次取り込むというダイナミックなものに

し，読者の理解を促進していく必要があるとも述べている。そして，**新しいメディアの生態系**のあらゆる分野で，クリエイターが対価を得られるような課金システムを開発する必要があると結論づけている[10]。

▼本章のまとめ▼

インターネットの普及により，広く市民が記事を書き，発表することのできる，いわゆる市民ジャーナリズムがおこってきた。市民ジャーナリズムに携わる市民ジャーナリストは，身近な話題や，たまたま遭遇した大事件などについて，市民の視点から優れた記事を書くことができる。しかし，市民ジャーナリズムのサイト運営は困難を極めた。情報の発信は誰でもできるようになった。しかし，携帯電話やパソコンを持っているからといって，すぐに，誰もがジャーナリストになれるというわけではない。徹底的に調査し，正確に事実関係をとらえて書くことが市民ジャーナリストにも求められる。また，経営基盤が整っていなければサービスを続けることはできないことがわかった。

演習問題

〔12.1〕 市民ジャーナリズムとは何かをまとめなさい。
〔12.2〕 市民ジャーナリズムの新たなサイトのあり方を提案しなさい。
〔12.3〕 市民ジャーナリズムの将来についての考えをまとめなさい。

注 釈

1) 橋場義之，佐々木俊尚，藤代裕之：メディア・イノベーションの衝撃，日本評論社 (2007)
   Wikipedia「市民ジャーナリズム」(http://ja.wikipedia.org/wiki/市民ジャーナリズム)
2) グラスルーツメディア (http://www.grassrootsmedia.net/)
3) オーマイニュース (http://www.ohmynews.com/)
4) CNN i Report (http://ireport.cnn.com/)
5) ディグ (http://digg.com/)
6) ウィキリークス (http://www.wikileaks.org)
7) プロパブリカ (http://www.propublica.org/)
8) 1951年～。米国のジャーナリスト，アリゾナ州立大学教授。元サンノゼマーキュリーニュースのコラムニスト。
9) サンノゼマーキュリーニュース (http://www.mercurynews.com/)
10) ダン・ギルモア著，平和博訳：あなたがメディア！，朝日新聞出版 (2011)

11) Bloomberg「Great Online Expectations」(http://www.businessweek.com/magazine/content/06_08/b3972098.htm)
    Wired Vision「ダン・ギルモアのリターンマッチに期待する」(http://archive.wiredvision.co.jp/blog/yomoyomo/201001/201001141430.html)
12) ダン・ギルモア：ブログ，世界を変える個人メディア，朝日新聞社刊（2005）
    ライブドアニュース：世界を変える"ブログ"の力（2005）(http://news.livedoor.com/article/detail/1411372/)
    ネット時代にジャーナリストも模索 "起業家ジャーナリズム"とは（2011）(http://news.nicovideo.jp/watch/nw148712)
    朝日新聞社：ソーシャルメディア時代の新たなジャーナリズムのかたち―米ジャーナリスト／ブロガー，ダン・ギルモア氏の講演より（2011）(http://astand.asahi.com/magazine/wrnational/special/2011111600007.html)
13) クリエイティブコモンズ (http://creativecommons.jp/)
14) 1964年～。韓国のジャーナリスト。オーマイニュースの設立者。
15) 1940年～。日本のジャーナリスト。毎日新聞記者，テレビ朝日キャスターなどを歴任。
16) Wikipedia「オーマイニュース」(http://ja.wikipedia.org/wiki/オーマイニュース)
17) 読売新聞：尖閣諸島沖で中国漁船が海保巡視船と衝突，海上保安官が撮影ビデオを流出 (http://www.yomiuri.co.jp/feature/2010news10/j01.htm)
    Yahooニュース「尖閣沖の中国漁船衝突事件」(http://dailynews.yahoo.co.jp/fc/domestic/chinese_boat_hits_coast_guard_ships/)
18) ITmedia：CNN，市民記者SNSサイト「iReport.com」立ち上げ（2008）(http://www.itmedia.co.jp/news/articles/0802/15/news018.html)
    CNET：S・ジョブズ氏が心臓発作の誤報でアップル株価が急落 (http://japan.cnet.com/news/biz/story/0,2000056020,20381481,00.htm)
    ITmedia：ジョブズ氏が心臓発作報道で考える匿名情報の信頼性（2008）(http://www.itmedia.co.jp/anchordesk/articles/0810/06/news023.html)
19) IT用語辞典「ディグ」(http://e-words.jp/w/digg.html)
    ケビン・ローズ氏，既にDiggを去る（2011）(http://jp.blogherald.com/category/social_media/digg/)
20) 1971年～。オーストラリア出身のジャーナリスト。ウィキリークスの創設者。
21) IT用語辞典「WikiLeaks」(http://www.sophia-it.com/content/WikiLeaks)
    Wikipedia「ウィキリークス」(http://ja.wikipedia.org/wiki/ウィキリークス)
    日立ソリューションズ：WikiLeaksとは (http://securityblog.jp/words/1076.html)
    ロイター：ウィキリークス，ノーベル平和賞候補に推薦＝ノルウェー議員（2011）(http://jp.reuters.com/article/topNews/idJPJAPAN-19359220110202)
22) マルセル・ローゼンバッハほか著，赤坂桃子ほか訳：全貌ウィキリークス，早川書房（2011）
23) ニューヨークタイムズ (http://www.nytimes.com/)
24) ガーディアン (http://www.guardian.co.uk/)
25) シュピーゲル (http://www.spiegel.de/)
26) 1947年～。米国の政治家，弁護士。第67代国務長官。
27) 日経ビジネス：「記者160万人革命」～フェイスブックで報道が変わる（2011）(http://business.nikkeibp.co.jp/article/world/20110513/219961/)
28) kotobank「プロパブリカ」(http://kotobank.jp/word/プロパブリカ)

13章 インターネットコミュニティで行われる創作活動

◆ 本章のテーマ

　ここまで，インターネット上のコミュニティ，具体的にはソーシャルメディア，市民ジャーナリズムについて扱ってきたが，本章では，インターネットコミュニティで行われる創作活動について扱う。

　インターネットコミュニティの創作活動の代表的な事例が，フリーソフトウェアとオープンソースソフトウェアに関する活動である。フリーソフトウェアとは，米国のリチャード・ストールマンが提唱した四つの自由を守ったソフトウェアとその概念のことであり，オープンソースソフトウェアとは，プログラムのソースコードが開示されているソフトウェアのことをいう。本章では，これらの意義や歴史について扱ったのち，所有という問題の本質を踏み込んで考える。さらに，これらを活用したビジネスについても触れていく。

◆ 本章の構成（キーワード）

13.1 社会の変化
　　第三の波
13.2 フリーソフトウェア
　　フリーソフトウェア，
　　ソースコード，GNU GPL
13.3 オープンソースソフトウェア
　　オープンソースソフトウェア，
　　リナックス
13.4 所有の問題について
　　所有，ジョン・ロック
13.5 ハッカーとコミュニティ
　　ハッカー
13.6 オープンソースとビジネス
　　アパッチ
13.7 IBM社の戦略変更
　　IBM社，ルイス・ガースナー，
　　エクリプス

◆ 本章を学ぶと以下の内容をマスターできます

☞ インターネットコミュニティで行われる創作活動の特徴
☞ フリーソフトウェア，オープンソースソフトウェアとは何か
☞ 所有の本質

13. インターネットコミュニティで行われる創作活動

13.1 社会の変化

インターネットコミュニティによる創作活動について見ていくにあたり，社会の大きな変化についてアルビン・トフラー（Alvin Toffler）[1] に従い，まず確認する。トフラーは，『第三の波』[2] において，文明の進化を農業革命による第一の波，産業革命による第二の波，情報革命による**第三の波**に分けて論じた。

第一の波は農業革命である。この波ののち，農業で生活する人々は，自分たちでつくった農作物を自分たちで消費するという生活様式をとっていた。つまり，生産と消費は同じ場で行われた。

第二の波は産業革命である。産業革命によって，工業化，大量生産が始まり，生産は工場で行われ始めた結果，生産と消費の場が分離された。

第三の波は，脱工業化，情報革命である。インターネットというインフラが整い，人々は誰とでもつながることができるようになり，距離という壁が取り払われた。人々は，共通の趣味，嗜好，理念などによって，インターネット上のコミュニティをつくり始めた。そしてコミュニティの場では，優れた創作活動が行われるようになった。

この時代の，インターネット上のコミュニティによる創作活動の象徴的な事例が，フリーソフトウェアとオープンソースソフトウェアである。そこで，つぎにそれを見ていく[3]。

13.2 フリーソフトウェア

フリーソフトウェアとは，米国のリチャード・ストールマン（Richard M. Stallman）[4] が提唱した四つの自由を守ったソフトウェアとその概念のことである。

コンピュータソフトウェアは，プログラミング言語を用いて記述することで実現される。そのプログラミング言語での記述を**ソースコード**という。ソースコードはソフトウェアの詳細設計図であり，また同時に実装そのものでもある。

このソースコードを公開・共有して多くの人々の協力を得て，よりよいソフトウェアをつくっていこうという考え方は，コンピュータの歴史の最初から存在していた。しかし，情報化社会の進展でソフトウェアの商業価値が増すにつれ，ソフトウェア会社は利用者にソースコードを隠蔽して機能だけを使えるようにした製品を提供することが多くなった。こうした，非公開型のソフトウェアのことをプロプライエタリソフトウェアという[5]。

ソースコードには，業務上のノウハウや，特許となるような処理方式のアイデアが反映されているためである。しかしソースコードを隠蔽すると，ソフトウェアに欠陥があったとしても，利用者には修正できない。

このような状況を見て，1984年にストールマンが本来のソフトウェアのあり方について訴えたのがGNU宣言だった。ストールマンは，マサチューセッツ工科大学の人工知能研究所でプログラマーとして働くなかで，フリーソフトウェアの構想を固めていった[6]。

フリーソフトウェアは，四つの自由，すなわち①目的を問わずプログラムを実行する自由，②プログラムがどのように動作しているか研究し必要に応じて修正を加え取り入れる自由，③身近な人を助けられるようコピーを再頒布する自由，④プログラムを改良しコミュニティ全体がその恩恵を受けられるよう改良点を公衆に発表する自由，を備えたソフトウェアである。ソースコードが公開されているので，多くの人がソースコードにアクセスして欠陥の修正や改良を行う結果，信頼性が高い優れたソフトウェアとなる。

リチャード・ストールマンと彼が設立したフリーソフトウェア財団はこの思想を示すライセンスとして **GNU GPL**（GNU General Public License）を提示している。著作者がソフトウェアの公開にあたってGNU GPLを選択したソフトウェアがフリーソフトウェアであるということもできる。

フリーソフトウェア，オープンソースソフトウェアを理解するためには，ライセンスについて知ることが重要である。ライセンスとは，ソフトウェアの著作者が，ソフトウェアを使用する権利を利用者に許諾する行為，もしくはその使用許諾書のことをいう。

市販のソフトウェアを購入してパソコンにインストールするときには，使用許諾書の全文を読まずに同意する人が多いだろう。しかし，フリーソフトウェアにおけるライセンスである，GNU GPL は，読むことを想定されて書かれている。読んで，フリーソフトウェアの思想を理解してもらうことを求めている。つまり，GNU GPL は単なる使用許諾書ではなく，フリーソフトウェアの思想を示す文書となっている。

GNU GPL は 3 部構成となっている。第 1 部はフリーソフトウェア運動の精神について述べている。第 2 部はソフトウェアの自由を守ることについて記されている。そして第 3 部はソフトウェアを創作する人が，自分が書いたソフトウェアをどうしたらフリーソフトウェアとして，世界中に配布可能かについて書かれている。なお，GNU GPL は第 2 版（1991 年）が使われてきたが，2006 年から第 3 版の策定作業が始まり，2007 年に最終稿が発表されている[7]。

13.3 オープンソースソフトウェア

フリーソフトウェアに対し，**オープンソースソフトウェア**とは，語源的，一般的には，プログラムのソースコードが開示されているソフトウェアのことをいう。正式には，オープンソースイニシアティブが策定している定義に準拠する形態でライセンスされるソフトウェアのことで，コミュニティで開発が進められる点に特徴がある。

1984 年にリチャード・ストールマンの始めたフリーソフトウェア運動は多くのソフトウェアを生み出したが，オペレーティングシステムの中核モジュールであるカーネルの開発は難航した。こうしたなかで，当時フィンランドのヘルシンキ大学大学院生だったリーナス・トーバルズ（Linus Benedict Torvalds）[8] が**リナックス**（Linux）カーネルの開発を開始，1991 年にバージョン 0.01，1994 年にバージョン 1.0 をリリースした。リナックスカーネルは，リチャード・ストールマンが策定した，GNU GPLv2 でライセンスされている。リーナス・トーバルズは，リナックスコミュニティを統括し続けて，世界中の

技術者とともに，巨大なシステムをつくり上げていった。

　フリーソフトウェア運動は社会運動というイメージが強いこと，また，「フリー」という語が無料を連想させ（実際には「自由」を意味する），関わるすべてが「無償」であると誤解を受けることから，企業等にも受け入れやすい新しい用語が必要になった。

　そのためのマーケティング用語として，1998 年に，エリック・レイモンド（Eric Steven Raymond）[9] らによって，オープンソースという言葉が生み出された。このネーミングは成功し多くの企業がオープンソースを活用し始め，コミュニティに協力を始めた。レイモンドは，オープンソースのスポークスマンとして幅広く活動している。つまり，フリーソフトウェアは，社会運動と自由の追求に，オープンソースはビジネスに焦点があるということができる[5]。

13.4　所有の問題について

　フリーソフトウェアとオープンソースソフトウェアについて深く考える場合，**所有**とは何かについて考えることはかかせない。そこでつぎに，所有の問題について触れておく。

　神学者であり経済学者でもある東方敬信[10] によれば，所有という考えは，経済活動を根底から支える基本的な思考習慣である。なぜなら，交換という市場経済が行われるところでは，基本的なルールとして所有関係がはっきりしていなければならないからである。また，所有についての考えがはっきりしているところでなければ，経済上の分配の問題も解決できない。加えて，所有の問題は既存のものだけでなく，将来新たに生まれるものについても，検討しておく必要がある。

　西欧の歴史では，所有に関して領主や国王，さらに国家に対する市民たちの長い戦いの歴史があった。つまり，市民が所有権を持つことは，独裁に対する抵抗の力となっていたのである。したがって，市民社会では所有による自由と独立，さらに本人による責任という思考習慣が確保されてきた。しかし，一方

で，所有が自由と安全を約束するだけでなく，反対に，独り占めという言葉があるように，他人に対して排除と支配の脅威ともなることもある。つまり，所有は自由を約束するものであり，かつ，他者の尊厳を脅かすものという，両義性を持っている[11]。

近代の所有権の根拠を考えたのは**ジョン・ロック**（John Locke）[12]である。ロックは所有の根拠，すなわち権原として，身体とそれを用いた労働価値などについて指摘した。権原には，一般的に，業績本位の権原（新しく生み出されたものへの貢献による正当化）と帰属本位の権原（相続などにより過去から受け継がれてきたもの）があることが指摘されている。デビッド・ヒューム（David Hume）[13]は，これについて慎重な議論を展開し，先占（最初に占有した人に帰属），時効（長期にわたって所有），相続，添付（資金が生み出す利子のようなもの）といった権原を指摘した[11]。

このロックの主張に基づいた土地の所有，囲い込みは，絶対的所有権につながるものとなった。つまり，ロックにとって自由とは，法の認める範囲内で，自己の身体，行動，持ち物，および所有全部を，欲するままに自由に排他的に処分し，司ることであった。中世西欧社会では，科学技術に関する知識や発見，音楽のコードなどは，いったん社会に公表されるとすべて共有されるのが常識であった。ところが，15世紀の頃から，知的財産権を共有から私有に移行させるとともに，国王はその権利の管理者として国庫を潤すことが可能になった[11]。

しかし，現代の法学者，ローレンス・レッシグ（Lawrence Lessig）[14]によれば，国が私的財産についての権利を定めるのはそれが経済関係を秩序立てるためのシステムとなり，社会のメンバーにメリットをもたらすからである。しかし財産権は絶対的なものではなく，国の利益の前には譲歩せざるを得なくなることもある。私有財産システムは個人による独占的コントロールと公共的な国の目的とがつり合いをとっているシステムと考えられる[15]。

このつり合いは，知的財産などの実態のない財産と実体のある物的財産では違ってくる。他人が自分の財産を使うことが自分の使用の妨げになるような場

合は独占使用権が認められる。したがって実体のある物的財産の場合には独占使用権が認められる。しかし知的財産の場合は，他人と自分のアイデアを共有しても，そのアイデアが使えなくなるわけではないという非競合性の性質を持つ。

そしてそこから，知的財産の保護というのは，通常の財産より弱いものであるべきだということをいう論拠ができる。著作権法では著作権者には科学や有用な技芸の進歩を推進するために，著作物についての権利を限られた期間だけ与えている。一定期間が過ぎれば著作物は公共のものとなる。米国憲法では著作者による著作権の独占は否定され，著作権は著作者の自然権ではなく，進歩のために著作者に対してなされた譲歩であるという前提に立っている。つまり，著作権は憲法によって義務付けられているのではなく，選択肢として許可されているだけと考えられる。

しかし，知的財産が巨万の富を生む可能性が高くなってくるに従い，企業の利益，個人的報酬を重視した行動をとるケースが増加してきた。デジタル時代を迎え，著作権者はインターネットで著作物のコピーを流通することで権利が侵されることを恐れるようになった。しかし，レッシグの指摘するように，実際には，われわれは著作権が実空間でよりも脅かされているような時代に突入しようとしているわけではない。むしろ著作権が一番しっかり保護される時代を迎えようとしている。著作物へのアクセスと利用を規制する技術はほとんど完璧に近くなっている。いずれインターネットの上の著作権は完全に管理できるようになり，コンテンツのフィルタリングや規制は自由になる。ネットは秩序ある空間になるだろう。あらゆるアイデアを知的財産権にしたがる風潮のなかで，自由な思考をどうやって保障すればいいのかのほうが課題であるということができる[15]。

13.5　ハッカーとコミュニティ

以上，所有の問題について考えてきたが，つぎに，話をフリーソフトウェア

とオープンソースソフトウェアに戻し，こうした自由な活動を行う母体となる，**ハッカー**とそのコミュニティについて見ていこう。

　フリーソフトウェアもオープンソースソフトウェアもコミュニティを形成し多くの人の協力を得て開発を進める点に特徴がある。なお，ハッカーというは，コンピュータやソフトウェアなどの情報技術に熟達した人の意味である。ハッカーという用語は，コンピュータへの不正侵入やウイルスの配布などを行う者（クラッカー）を指す用語として誤用されることもあるが，本来の意味は，そうではない。

　さて，ハッカーが行うソフトウェアの創作活動は基本的に個人活動である。しかし，彼らは仲間どうしで技術を共有して意見を交わすことを好む。そのため，協力して創作を促進する場として，インターネット上にコミュニティを形成し，優れた技術を生み出している。

　オープンソースのコミュニティの広がりは世界的であるので，仲間どうしでも，一度も顔は合わせたことがないということはよくある。こうしたグローバルコミュニティを成立可能にしたのはインターネットである。オープンソースコミュニティのメンバーを結びつける道具は電子メール，メーリングリスト，そして，開発を進めるために用意されたインターネット上のサイトである。代表的なサイトにソースフォッジ（SourceForge）[16]がある。開発者やコミュニティを支援するためのサイトとしてたいへんよく使われている。

　しかし，いくら開発を進めるためのサイトがあったとしても，顔を見たこともない人たちと，何かを一緒にやる，一緒につくるというのはたいへん難しいことである。行き違いがあったり，考え方の差が埋まらないこともある。また，自分の作品が一番と思い込んでゆずらない参加者がいてもおかしくはない。

　オープンソースコミュニティでは，なぜ，そうした問題を解決し得たのか。それは，コミュニティへの参加者全員が四つの自由という明確なビジョンを共有していたという理由が大きい。問題が起こったり，迷ったりしたときに立ち返るべきところが共有されていた。つぎに，競争原理を導入したことも大きかった。コミュニティでは参加者どうしが，厳しい競争を繰り広げている。こ

うした厳しい競争プロセスを経ているからこそ，企業や社会の人々は，オープンソースコミュニティから，優れた作品の提供を受けられる。ある機能を実現するためのソースコードを複数の参加者が書き，その中から最も優れたソースコードが一つ選ばれ，あとは破棄される。そうして選ばれたソースコードに対して，多くの人がアクセスしてバグの修正や機能の追加，改良を行っていく。個人の能力，作品に優劣があることを前提としたシビアな世界でもある。こうした厳しい競争プロセスを経ているからこそ，優れた作品が生み出される[17]。

13.6　オープンソースとビジネス

つぎに，こうしたコミュニティの生み出した成果をビジネスにおいて活用する事例について見ていく。

オープンソースはソフトウェア利用権そのものに直接課金はできないが，技術サポート，コンサルテーション，教育など，ビジネスのチャンスは多く存在する。例えば，リナックスシステムの使いやすい組合せをつくって配布するビジネスは，レッドハット社などにより展開されている。企業システムの構築，運用を請け負うシステムインテグレーションビジネスも展開されている。

オープンソースがビジネスに取り入れられ始めたのは，1980年代のことだった。当初，技術者が開発を行うための「統合開発環境」として，企業などで採用され始めた。「統合開発環境」というのは，開発に必要なツールを統合的に提供するプラットフォームのことである。しかし，統合開発環境は開発者にしかなじみのないものである。そのため，1980年代には，オープンソースの認知度は低いものだった。

続く1990年代，オープンソースはネットワークビジネスの分野で広く使われ始めた。インターネット接続サービスを提供するプロバイダなどが，ウェブサーバにオープンソースを広く採用され始めたのである。なかでも，**アパッチ**（Apache）というソフトウェアは信頼性が高く，ウェブサーバの分野においては，現在に至るまでたいへん広く使われている。ウェブサーバは，インター

ネットを利用するうえで不可欠な存在であるが，一般の人が直接扱うものではない。そのため，この段階ではまだ，オープンソースについて意識している人はあまり多くはなかった[18]。

13.7　IBM 社の戦略変更

しかし，1993 年に産業界に大きなインパクトを与える事件が起こった。**IBM 社**[19] の戦略変更である。IBM 社は文字通り世界最大の IT 企業として，長年にわたり産業界に君臨してきた。特に 1964 年にメインフレームを発表して大成功を収めて以来，そのビジネスモデルは不動のものとなっていた。メインフレームは，基幹業務で使われる大型汎用コンピュータで，基本的にハードウェアからソフトウェアまでを独自技術によって 1 社で製造する。優秀な技術者を大量に抱える IBM 社だからこそできたビジネスモデルであった。

だが，オープンシステム化，ダウンサイジングの流れが IBM 社のビジネスモデルを揺るがす。オープンシステムとは，さまざまなメーカーのハードウェアやソフトウェアを組み合わせるためのオープンな外部仕様に基づいてつくられたコンピュータシステムのことをいう。オープンシステムは，外部仕様がオープンであればいいので，ソースコードを公開していないユニックス（UNIX）やウィンドウズ（Windows）をベースとしたシステムも含まれる。

オープンシステムでは，メーカーが激しい性能競争，価格競争を繰り広げ，コンピュータの性能が劇的に向上していき，価格が大幅に下落していく。そして，個人でも購入できるコンピュータ，つまり，パソコンが急速に普及していく。

やがて，高価で大きなメインフレームをみんなで共有して使うという中央集権的な方式は時代遅れとなっていく。代わってオープンシステム，つまり，安価で小さなユニックスワークステーションやウィンドウズパソコンなどを一人で 1 台所有し，LAN でサーバにつないで分散処理するという，ダウンサイジングの流れが主流となった。

IBM 社は当初，オープンシステムがメインフレーム事業を脅かすようになる

とは考えていなかった。しかし，価格が圧倒的に安いオープンシステムがメインフレームの牙城を切り崩した。そして1993年，IBM社は米国における史上最大の損失を計上し，深刻な経営危機に陥った。これは，1社ですべて行うというクローズドなビジネスモデルが成り立たなくなったことの歴史的な証明であった[20]。

こうした逆風のなかでIBM社CEOに就任した**ルイス・ガースナー**（Louis V. Gerstner, Jr.）[21]は，ビジネスの進め方を根底から変えた。顧客重視を打ち出し，従来の成功モデル，つまり，メインフレームに依存したビジネスからの脱却を図った。IBM社はオープンシステムに積極的に取り組んで，さまざまなメーカーのソフトウェアやハードウェアを組み合わせて，企業情報システムの立案・設計・導入を行うシステムインテグレーションや，それに付随するコンサルティングに注力した[21]。

IBM社は2001年に**エクリプス**（Eclipse）[22]と呼ばれる統合ソフトウェア開発環境をオープンソース化した。エクリプスはIBM社が人材，資金を投入して自社開発したプロプライエタリなソフトウェア製品である。通常であれば，知的財産権を守るために特許を申請し，投資を回収するためにライセンス料をとって販売するところを，オープンソース化したために，利用したい人は誰でもソースコードを容易に無償で入手できるようになり，急速に普及した。なお，エクリプスのコミュニティにより2004年にエクリプスファンデーションが設立され，その後も継続的にソフトウェアの開発が進められている。IBM社はさらに，2005年には500件の特許をオープンソースコミュニティへ許諾するなど，積極的にオープンソース化を進めている[23]。

広告効果としては，IBM社は積極的なオープンソース化の推進により，社会に貢献する開放的な企業というイメージを形成するのに成功した。

有償製品に比べて急速な普及が見込まれるので，市場占有率においてライバルよりも容易に優位に立てる。IBM社がエクリプスをオープンソース化したことにより，エクリプスはソフトウェア開発環境の標準ともいえる地位を確保し，他の統合開発ツールのビジネスの多くは成り立たなくなった。

もちろん IBM 社は，自社のソフトウェアをすべてオープンソースにしようと考えているわけではない。オープンソースを組み合わせたほうが，自社の競争力を維持するのに役立つというビジネスライクな判断によって，コミュニティとの相互補完を促進している。任せられることはオープンソースに任せて，もっと複雑で付加価値の高い仕事に技術者を振り向けている[24]。

以上のように，オープン型の開発をコミュニティで行うという手法は21世紀のビジネスにとって重要な意味を持つ。知識を囲い込んでいるよりも，オープンにしたほうがよい製品を開発でき，利用者の支持も得やすいといえる。

▼本章のまとめ▼

本章では，インターネットコミュニティで行われる創作活動について見てきた。インターネットコミュニティの創作活動の代表的な事例が，フリーソフトウェアとオープンソースソフトウェアに関する活動であった。フリーソフトウェアとは，米国のリチャード・ストールマンが提唱した四つの自由を守ったソフトウェアとその概念のことであり，オープンソースソフトウェアとは，プログラムのソースコードが開示されているソフトウェアのことであった。フリーソフトウェアとオープンソースソフトウェアについて深く考える場合，所有とは何かについて考えることはかかせない。所有についての考えがはっきりしているところでなければ，経済上の分配の問題も解決できない。加えて，所有の問題は，既存のものだけでなく，将来新たに生まれるものについても検討しておく必要がある。オープンソースソフトウェアなどのインターネットコミュニティの創作の成果が経済的価値を持つにつれて，この課題はいっそう重要になっていることがわかった。

演習問題

〔13.1〕 インターネットコミュニティで行われる創作活動の特徴は何か答えなさい。

〔13.2〕 フリーソフトウェア，オープンソースソフトウェアの違いについて説明しなさい。

〔13.3〕 所有の本質について考察しなさい。

注 釈

1) 1928年～。米国の未来学者。主著に『第三の波』など。
2) アルビン・トフラー：第三の波，中央公論新社（1982）
3) 井田昌之，進藤美希：オープンソースがなぜビジネスになるのか，毎日コミュニケーションズ（2006）
4) 1953年～。米国のプログラマー，フリーソフトウェア活動家。
5) 青山学院大学大学院国際マネジメント研究科：MBA国際マネジメント辞典，中央経済社（2007）
6) リチャード・ストールマン著，株式会社ロングテール/長尾高弘訳：フリーソフトウェアと自由な社会，アスキー（2003）
7) GNU宣言（http://www.gnu.org/japan/manifesto-1993j-plain.html）
8) 1969年～。フィンランド，ヘルシンキ出身のプログラマー。Linuxカーネル開発者。
9) 1957年～。米国のプログラマー，作家であり，オープンソースのスポークスマン。
10) 1944年～。日本の神学者，牧師。青山学院大学教授。
11) 東方敬信：神の国と経済倫理，教文館（2001）
12) 1632～1704年。イギリスの哲学者。
13) 1711～1776年。スコットランドの哲学者。
14) 1961年～。米国の法学者。スタンフォード大学教授，ハーバード大学法学教授を歴任。
15) ローレンス・レッシグ著，山形浩生・柏木亮二訳，CODE，翔泳社（2001）
16) SourceForge（http://sourceforge.net/）
17) 進藤美希：インターネットマーケティング，白桃書房（2009）
18) 新部裕：講演「オープンソースビジネス」，青山学院大学大学院国際マネジメント研究科（2005年12月）
19) IBM社（http://www.ibm.com/us/en/）
20) ルイス・ガースナー著，山岡洋一，高遠裕子訳：巨像も踊る，日本経済新聞社（2002）
    CNET：IBM：プロプライエタリとオープンソースのバランスが大切（2005）（http://japan.cnet.com/event/story/0,2000050459,20082472,00.htm）
    IBM ITサービス（http://www-1.IBM.com/services/jp/index.wss/home/services）
21) 1942年～。米国の経営者。RJRナビスコCEO，IBM CEOなどを歴任。
22) The Eclipse Foundation（http://www.eclipse.org/）
23) IT用語辞典「Eclipse」（http://e-words.jp/w/Eclipse.html）
24) 進藤美希，神田雅透：ソフトウェア製品をオープンソース化するマーケティング戦略とそのCamellia事例への適用およびその評価，日本情報ディレクトリ学会論文誌，Vol.7, pp.35-42,（2009.3）

14章 オープンイノベーション

◆ 本章のテーマ

　前章では，インターネットコミュニティで行われる創作活動について見てきたが，本章では，インターネット上で行われるイノベーションについて見ていく。
　イノベーションとは，経済や産業などの発展につながる，技術やしくみの革新のことを意味する。イノベーションは企業にとっての優位性を確立するものであるが，扱いは簡単とはいえず，イノベーションに積極的に投資していけば，市場で必ず勝てるとはいいきれない。また，インターネット時代においては，企業の内部，外部のアイデアをともに使うオープンなイノベーションが重要となってきている。
　本章ではその事例を吟味するとともに，日本特有の課題についても検討する。

◆ 本章の構成（キーワード）

14.1　イノベーションとは何か
　　　　イノベーション，製品イノベーション，プロセスイノベーション
14.2　イノベーションのジレンマ
　　　　イノベーションのジレンマ，破壊的イノベーション，破壊的イノベータ
14.3　クローズドイノベーション
　　　　クローズドイノベーション
14.4　オープンイノベーション
　　　　オープンイノベーションのモデル
14.5　日本特有の課題
　　　　リスク

◆ 本章を学ぶと以下の内容をマスターできます

☞　イノベーションとは何か
☞　イノベーションのジレンマとは何か
☞　クローズドイノベーションとオープンイノベーション

14.1 イノベーションとは何か

オープンイノベーションについて見ていくに先立ち,まずは**イノベーション**とは何かについて確認する。イノベーションとは,経済や産業などの発展につながる,技術やしくみの革新のことを意味する[1]。イノベーションは,科学技術の分野においてのみ重要なのではなく,さまざまな分野において発生するものであり,企業のみならず,現代社会全般において重要なコンセプトになっている。

イノベーション研究の祖,ジョセフ・シュンペーター (Joseph Alois Schumpeter)[2] は,イノベーションを,新結合あるいは生産諸力の結合の変更と定義している[3]。そして具体的には,新しい財貨,あるいは新しい品質の財貨の生産,新しい生産方式の導入,新しい販路の開拓,原料あるいは半製品の新しい供給源の獲得,新しい組織の実現が含まれると述べた(**図14.1**)。

> **イノベーション＝新結合。生産諸力の結合の変更。**
>
> ① 新しい財貨,あるいは新しい品質の財貨の生産
> ② 新しい生産方式の導入
> ③ 新しい販路の開拓
> ④ 原料あるいは半製品の新しい供給源の獲得
> ⑤ 新しい組織の実現

図14.1 シュンペーターによるイノベーションの定義
〔出所:注釈2)より作成〕

では,イノベーションによって確立される優位性とはいったい何だろうか。まず,製品・サービスの新規性がある。イノベーションを成し遂げた企業は,新規性の獲得により他社にないものを提供できるようになり,価格競争から抜け出して,価格の高い,利益率の高い製品を販売可能になる。また,生産方式を革新して顧客ごとにカスタマイズして提供する生産方式を取り入れることによって,顧客の信頼を獲得し,生涯に渡った顧客ロイヤルティを得ることがで

きる。さらに，イノベーションによって，既存の商慣行や，ルールを書き換えることができれば，まったく新しいビジネスをつくり出し，市場を独占することさえできるようになる[4]。

つぎに，イノベーションはどのようにして起こるのかを考える。まず，当該製品が製品ライフサイクル上，どこに位置するかにより大きく異なる。つまり，発生するイノベーションは製品ライフサイクルに従って変化する。当該製品の市場が，導入期，つまり，世の中に出てきたばかりのときであれば，市場には多数のベンチャー企業が乱立し，さまざまな製品ができては消えを繰り返すので，イノベーションは主として製品そのものの内容において発生する（**製品イノベーション**）。

しかし徐々に市場が成熟してくると，製品のアイデアは出つくし，市場には少数の大企業があって，市場の要求に応じた効率化，低価格化，あるいは，顧客の声を取り入れ，サービスを向上させるといった，**プロセスイノベーション**における競争を繰り広げることになる[5]。

14.2　イノベーションのジレンマ

つぎに**イノベーションのジレンマ**について述べる。イノベーションに積極的に投資していけば，市場で必ずや勝てるとはいいきれない。この点について，クレイトン・クリステンセン（Clayton M. Christensen）[6]は，『イノベーションのジレンマ』[7]のなかで，競争力に優れ，顧客に配慮し，新技術に積極的に投資し，業界をリードしていた優良企業が，ある種の市場や技術の変化（**破壊的イノベーション**）に直面したとき，市場での優位を失うことがあると，指摘している。

そしてイノベーションには持続的イノベーションと破壊的イノベーションがあると述べている。持続的イノベーションが，製品の性能を高めるイノベーションであるのに対し，破壊的イノベーションには，前の世代の製品やサービスを所有したことがない顧客を対象とする製品を生み出す新市場型破壊と，既

14.2 イノベーションのジレンマ

存市場のローエンド（low end）製品を所有する顧客を対象とする製品を生み出すローエンド型破壊がある。

しかし，これらの概念は，漸進的変化（従来の技術をもとにしている）と抜本的変化（従来とはまったく別の技術をもとにしている）とは異なる概念であることに注意が必要である。

では，破壊的イノベーションを起こすためにはどのような注意が必要なのだろうか。一つ目は，現在の主流顧客の声は役に立たないという点である。大企業にとって現在，最も収益性の高いハイエンドの顧客に対し，破壊的イノベーションを利用した製品を欲しいかと尋ねたなら，欲しいとはいわないだろう。いまのもので満足しているからである。しかし，市場に普及し，評判が確立して価格が低下すれば，前言を撤回して，欲しいというようになる。つまり，顧客が現在必要としていない製品の開発において顧客の意見を鵜呑みにしてはいけないということである。

二つ目は，市場が大きくなってから参入したのでは遅すぎるという点である。破壊的イノベーションは新しい市場を生むが，その市場は，大企業の成長を支えることができるような規模に最初はならない。ゆえに，事業にある程度の規模を求める大企業はすぐには参入しようとせず，市場がある程度育ってから本格参入しようと考える。しかしそれでは遅いのだ。もし，一つの事業部を支えるほど大きな売上げが見込めないとするのなら，自立的な小さい組織をつくり，資源を配分して任せてみる，といった対処方法をとるのが望ましいだろう。

三つ目に注意しなければならないのは，存在しない市場は分析できないという点である。通常のマーケティングでは統計分析が重視されるが，破壊的イノベーションに直面した場合，データを求めると失敗する。代わりにできることは，試行錯誤と学習を織り込んで計画を立てることである。

四つ目に注意しなければならないのは，技術の供給は市場の需要と等しいとは限らないという点である。製品の技術が進歩するペースは，時として多くの顧客が求める性能の水準を上回るペースとなってしまう。必要以上のスペックを提示され続けた顧客は，性能の差によって製品を選択しなくなり，製品選択

の基準を機能から信頼性へ，さらには利便性，価格と変えていくことを配慮する必要がある．

その後，クリステンセンは，『イノベーションのジレンマ』に続く著作の『イノベーションの DNA』[8]で，どうしたら，革新的な新規事業のアイデアを生み出せるかについて考察している．革新的な新規事業のアイデアを生み出す人々を**破壊的イノベータ**と名づけ，その方法を明らかにしようとした．具体的には，約 500 名のイノベータと約 5 000 名の典型的な企業幹部の比較研究から，イノベータの五つのスキルを見出した．

破壊的イノベータのスキルの第一は，関連付けの思考と呼ぶ認知的スキルである．イノベータは一見無関係に見える分野やアイデアを結びつけ，新しい方向性を見出している．第二は，質問力である．イノベータは質問の達人であることが多く，現状に異議を唱えるような質問をよくする．第三は，観察力である．イノベータは，周りの世界に注意深く目を光らせ，観察を通して新しいやり方のもとになる洞察やアイデアを得ている．第四は，ネットワーク力である．イノベータは多様な背景や考え方を持つ人たちとの幅広いネットワークを通じてアイデアを見つけたり，試したりするのに多くの時間を費やしている．第五は，実験力である．イノベータはつねに新しい経験に挑み，新しいアイデアを試している．これら五つの発見力が合わさって組成されるものを，クリステンセンはイノベータの DNA と呼んでいる．

14.3　クローズドイノベーション

つぎに，イノベーションを起こすためのモデルについて記す．最初に，過去にどのようなモデルがとられてきたかについて述べる．20 世紀の企業のイノベーション創造活動において主としてとられてきたモデルは，**クローズドイノベーション**と呼ばれるモデルであった．クローズドイノベーションとは，研究開発の主体を企業などの研究所とし，そこで開発された技術をもとに，同一企業内もしくはグループ内の事業部が製品開発を行い，市場に製品を出すモデル

のことを指す。つまり，研究開発フェーズ，製品開発フェーズ，販売フェーズをすべて自社内で行う方法のことである。研究所において開発された技術が多数ある場合，そのなかからどれを製品化するかを選択する場合にも，自社内でスクリーニングして決めていた。

しかし，クローズドイノベーションは必ずしも有用であったとはいえない。世界有数の研究所として名高いゼロックス社の中央研究所 PARC（Palo Alto Research Center）[9] は，1970年に設立されて以来，ワークステーションである Alto，LAN の規格であるイーサネット（Ethernet），レーザープリンタ，世界で初めてのオブジェクト指向プログラミング言語 Smalltalk など，多くの新技術の開発に成功してきた。しかし，これらのうち，親会社であるゼロックス社のビジネスに大きく貢献したのはレーザープリンタ程度であり，他の多くの技術は，ゼロックス社のビジネスでうまく活用されたとはいいがたい。また，クローズドなしくみのなかでは，ユーザの求める製品をつくることも困難だった[10]。

有用でなくなったのには近年における変化に原因がある。まず，インターネット時代になり，市場や技術の変化が目覚ましく早くなり，クローズドな体制ではそのスピードに追いつけなくなったこと，また，どのような方向に変化するか，社内だけで予想することが困難になったことが一つ目の原因として考えられる。

二つ目の原因は，顧客が変化し，企業側，すなわち，提供者側単独の論理で研究開発を行って，顧客やパートナー企業に製品を押しつけても，受け入れられることが少なくなってきたということがある。これは，高学歴化により，有能な人材が豊富に供給され始めたことが背景にある。かつては，研究開発に携わることができる人材はきわめて限られていた。しかし，いまや，多くの人が高等教育を受け，さまざまな提案を行うことができる時代に突入した。そうした時代にあっては，社内だけで研究開発を行うよりも，外部の力を活用するほうが，イノベーションを起こしやすくなったのだ[10]。

14.4 オープンイノベーション

その代わりに登場したのが**オープンイノベーション**のモデルである[10]。特にインターネットの関連領域におけるイノベーションを起こすためにはオープンイノベーションがふさわしい。なぜならインターネットそのものがオープンな性質を持っているからである。

インターネットは，分散型ネットワークであり，特定の者の支配下にない。電話システムのように電話会社が全体を統制しているわけではない。また，電話の場合には電話会社・ユーザの役割は固定的で，立場が入れ替わることはないが，インターネットの場合には，誰もが自分でサーバを立ち上げて作品を発信したり，サービスを提供することができる。「サービス提供者」，「ユーザ」という言葉はその時点における機能を示すにすぎず，ユーザもサービス提供者となることができる。さらに，インターネットを活用することにより，時間・距離の壁を越えて自由にたがいの提供物について意見を交わすことができる。こうした特質を持つインターネットにふさわしいイノベーションのモデルは，参加を希望する者が容易に参加可能なオープンなモデルとすることが望ましいであろう。

ヘンリー・チェスブロウ（Henry W. Chesbrough）[11]の提唱するオープンイノベーションのモデルでは，大企業が誤って捨ててしまったアイデアを，考案した技術者が社外へ流出してベンチャーを設立，新市場を切り開くことで，大きな利益を他社にもたらしている状況を示し，もはや企業内部だけで研究開発を行うことは効率的ではないこと，さらに，企業の内部，外部のアイデアをともに使うことの重要性を指摘している[10]。

チェスブロウはさらに，オープンビジネスモデルでは，イノベーション活動の分割という考え方を採用するといっている。オープンなモデルにより，社外の多様なアイデア，他社のビジネスの資産，資源，地位を活用できれば，より多くの価値の収穫が可能になる。オープンビジネスモデルでは，企業の活動は自社が直接に扱っている市場の範囲に限定されなくなる。ライセンス供与，

14.4 オープンイノベーション 165

ジョイントベンチャー，スピンオフなどの手段を使えば，より多くの収益を生み出すことができる[12]。

つぎに，オープンイノベーションの日本のケースとして，NTT グループによる goo ラボ[13] のケースを見てみる。日本企業においては，20 世紀には，企業の価値創造活動は，主として大規模な中央研究所を起点に推進されてきた。そのなかの一つに日本電信電話株式会社（NTT）の研究所がある。研究所の研究開発成果を製品化する作業は，グループ内の事業会社が担当して，顧客に提供していた。このような自前主義の研究開発モデル，製品開発モデルは，第二次世界大戦後の高度成長期において，急激に増加する需要に対応し，アナログ電話を大量かつスピーディに構築・供給することが NTT の使命とされた時代においては，意味のある選択であった。しかし近年，環境は大きく変化した。固定電話への需要は急減し，通信における需要の中心は携帯電話，さらに，インターネットサービスへと変化するとともに，顧客のニーズは多様化し始めた。また，インターネット技術の進展により，ネットワーク技術の基本的な部分に IP（Internet Protocol）が採用されるようになり，共通化したこと，ネットワークを構築するコンピュータ技術がオープン化しつつあることなどにより，独自技術にこだわって製品開発を行うメリットが薄れてきた。

上記のような状況を受けて，NTT グループは，オープンなモデルの可能性について検討していた。まず，研究開発・創作フェーズにおける外部の開発者・著作者の参加を促す取組みとして，NTT は，オープンソースを推進する OSDL（Open Source Development Lab；当時）[14] に参加することを表明した。つぎに，製品開発フェーズにおける利用者の参加を進めるために，NTT は 2003 年に goo ラボを開設した[15]。goo ラボは，goo と NTT 研究所のコラボレーションによって，NTT 研究所で開発した次世代の技術を，NTT が組織したユーザコミュニティに対してインターネットを通じて公開して，多くの人に実際に使ってもらい，評価してもらうためのサイトである。社員開発者だけでなく，外部の利用者の参加を得て製品開発を進めることを目指した。

goo ラボは，IBM 社のアルファワークス（alphaWorks）[16] のようにソース

コードを公開するのではなく，サービスを提供する点に特徴がある．ソースコードを提供する場合には，コミュニティへの参加者はプロフェッショナルな開発者となるが，goo ラボのようにサービスを提供する場合には，コミュニティへの参加者はそれほど技術力のない利用者となるので，意見は専門的ではなくなるが，ユーザビリティなどの面では開発者が気がつかなかったような多様な意見が集めることができる．ただし，提供する側からすると，利用者向けのサービスは，実用に耐えるものでなければならないという難しさが生まれる．goo は多くの人がアクセスするポータルサイトであり，ユーザコミュニティのプラットフォームとしては適切であった．

14.5　日本特有の課題

さて，これまでイノベーションの基本，そして，そのおこし方について述べてきたが，最後に日本特有の課題について記してみたい．

世界のイノベーションの本場といえば，IT の領域ではシリコンバレーの名前が挙がるであろう．さまざまな企業がここを起点に世界に羽ばたいていった．しかし，シリコンバレーの企業は日本の企業とはまったく異なる環境におかれている．ゆえに，シリコンバレーの企業について勉強しても，そのままはあてはまらない．シリコンバレーでは，まったくビジネス経験のない学生であっても，良いアイデアを持っていれば，億単位の投資が得られる可能性が高い．個人がポケットマネーでお金を出してくれるのだ．しかし日本には，そのような**リスク**をとって勝負する個人はあまりいない．

シリコンバレーには失敗を許容する文化があることも見逃せない．日本のように，敗者復活が難しいと，リスクの高いイノベーションにはなかなかチャレンジしにくい．また，シリコンバレーでは大企業から大企業へ，大企業からスタートアップ企業へ，また，大学からスタートアップ企業へ，その逆方向などさまざまに人材が流動する．しかし，日本では人材の流動があまりない．そのため，所属した企業内で新技術への投資を正当化しよう，使ってもらおうと，

研究者はさまざまな努力をする。また,外へ持って行くことはあまり考えない。

しかし,日本も変化している。例えば,大学からの技術移転を促進するための法律が1998年にできた。また,新たな会社法の制定も,スタートアップ企業を後押しするものである。新会社法では,出資者が出資額までしか事業上の責任を負わない有限責任制,組織内部の取り決めは自由に決めることができる内部自治原則などが認められた[17]。

これまで日本では,アイデアや技術はあっても,会社として立ち上げることができないケースが多くあった。しかし,新会社法を利用すれば,優れたアイデアを持つ若者がいて,アイデアをコアに企業を立ち上げ,それが成功した場合,出資額にかかわらず大きな配分をすることもできるようになった。イノベーションやコミュニティをバネにしたスタートアップ企業が日本からも多く生まれ,育つことを期待したい。

▼本章のまとめ▼

本章では,インターネット上で行われるイノベーションについて考察した。イノベーションとは,経済や産業などの発展につながる,技術やしくみの革新のことを意味する。イノベーションは企業にとっての優位性を確立するものであるが,扱いは簡単とはいえず,イノベーションに積極的に投資していけば,市場で必ずや勝利するとはいいきれないことがわかった。また,インターネット時代においては,企業の内部,外部のアイデアをともに使うオープンなイノベーションが重要となってきている。オープンなモデルにより社外の多様なアイデア,他社のビジネスの資産,資源,地位を活用できれば,より多くの価値の収穫が可能になるからである。また,これまで日本においてはイノベーションを武器に会社を立ち上げることには困難が伴ったが,それも徐々に解消されつつあり,今後が期待される。

演習問題

〔14.1〕 イノベーションとは何か，実例を挙げて説明しなさい。
〔14.2〕 イノベーションのジレンマの具体的な事例を紹介しなさい。
〔14.3〕 クローズドイノベーションとオープンイノベーションを比較して，特徴を説明しなさい。

注釈

1) 国立国語研究所「外来語」委員会「イノベーション」(http://www.kokken.go.jp/public/gairaigo/Teian1/Words/innovation.gen.html)
2) 1883～1950年。オーストリア出身の経済学者。創造的破壊などの重要なコンセプトを提示した20世紀を代表する経済学者の一人。著書に『経済発展の理論』など。
3) ジョセフ・シュンペーター著，塩野谷祐一・中山伊知郎・東畑精一訳：経済発展の理論，岩波文庫 (1977)
4) ジョー・ティッドほか著，後藤晃・鈴木潤監訳：イノベーションの経営学，NTT出版 (2004)
5) 一橋大学イノベーション研究センター：イノベーション・マネジメント入門，日本経済新聞社 (2001)
6) 1952年～。イノベーション研究で知られるハーバード大学教授。
7) クレイトン・クリステンセン著，玉田俊平太，伊豆原弓訳：イノベーションのジレンマ，翔泳社 (2001)
8) クレイトン・クリステンセンほか著，櫻井祐子訳：イノベーションのDNA，翔泳社 (2012)
9) Palo Alto Research Center Incorporated (http://www.parc.com/)
10) ヘンリー・チェスブロウ著，大前恵一朗訳：オープンイノベーション，産業能率大学出版部 (2004)
11) 米国のオープンイノベーション研究者。ハーバード大学教授，カリフォルニア大学バークレー校教授などを歴任。
12) ヘンリー・チェスブロウ著，栗原潔訳：オープンビジネスモデル，翔泳社 (2007)
13) gooラボ (http://labs.goo.ne.jp/)
14) Linuxの標準化団体。2007年に，Free Standards Groupと合併して，Linux Foundationとなった。
15) 米国のオープンイノベーション研究者。ハーバード大学教授，カリフォルニア大学バークレー校客員助教授などを歴任。
16) alphaWorks (https://www.ibm.com/developerworks/community/groups/service/html/communityview?communityUuid=18d10b14-e2c8-4780-bace-9af1fc463cc0)
17) 日本公証人連合会：新会社法の概要 (http://www.koshonin.gr.jp/kaga.html)

15章 グローバル市民社会とインターネット

◆ 本章のテーマ

　第Ⅲ部では，インターネットというメディアとそのうえで展開するコミュニティ，具体的にはソーシャルメディア，市民ジャーナリズム，インターネットコミュニティで行われる創作活動，オープンイノベーションについて見てきた。

　第Ⅲ部のまとめとなる本章では，インターネットによって大きく発展しつつあるグローバル市民社会のコミュニティについて詳しく見ていく。なぜなら，グローバリゼーションは現代の世界における最大の特徴であるからである。しかし，いかにグローバリゼーションが進展しようとも，現実の世界では，貧困，独裁政権などの課題がなくなることはない。こうした深刻な問題解決には，当該の国の市民はもちろん，世界規模での市民の行動を必要とする。つまり，グローバル市民社会の展開が必要とされている。その際，市民が中心になるとはいえ，インターネットや企業の果たす役割も大きい。本章では事例をまじえてこうした問題を考察する。

◆ 本章の構成（キーワード）

15.1　グローバルコミュニティへの貢献
　　　　　グローバリゼーション，ソーシャルアントレプレナー
15.2　貧困問題への取り組み
　　　　　貧困問題，ムハマド・ユヌス，グラミン銀行，BOP
15.3　グローバル市民社会とインターネット
　　　　　グローバル市民社会
15.4　民主化運動とインターネット
　　　　　アラブの春，民主化運動，ジャスミン革命

◆ 本章を学ぶと以下の内容をマスターできます

☞　グローバリゼーションとは何か
☞　グローバル市民社会とは何か
☞　グローバル市民として解決しなければならない課題

15. グローバル市民社会とインターネット

15.1 グローバルコミュニティへの貢献

現代社会をひとことでいうなら，**グローバリゼーション**が進展したインターネット社会ということができるだろう。

グローバリゼーションについて，イギリスの政治学者メアリー・カルドー（Mary Kaldor）は，グローバル資本主義の広がりを指す言葉として語られることが多いと指摘している。通常，企業は，国内市場の規模が十分であれば，オペレーションが容易な国内にとどまっていようとする。だが，国内市場が縮小してマーケットを広げる必要に迫られたり，顧客が海外に進出したことに伴い，国外でもサービスを求められたりすることを契機に，グローバルな活動に乗り出していく企業がある[1),2)]。

しかし，この理解ではグローバリゼーションが単純化されて，企業や市場の論理に偏りすぎているともカルドーは述べている。そして，グローバリゼーションを，政治，軍事，経済，文化といったすべての分野で高まる相互関連性であるという，より広義の内容を含める定義を行っている。

さらに発展させて，グローバリゼーションとは，世界的規模での人間社会の共通認識であると定義する場合もある。この方向性を進めていけば，グローバリゼーションによって，道徳や規範も新たにつくり変えられていくことになる[2)]。

しかし，いかにグローバリゼーションが進展しようとも，現実の世界では，貧困，独裁政権などの課題がなくなることはなく，むしろグローバリゼーションの進展とともに問題は深刻化しつつある。これらのさまざまな課題は，しかし，企業の論理や政府の論理では解決できないことが多い。そこで，本書の主題とした，公共への貢献意識を持った市民，そして，コミュニティとメディアが解決に果たす役割はますます大きくなっているといえる。

公共への貢献を具体的に行う場合，それは政府や国際機関と協調した国際的活動，また，営利事業と非営利事業をまたがった活動になることがある。例えば，国際的なNGOは国連のパートナーとして国際平和の実現に貢献している。また，**ソーシャルアントレプレナー**と呼ばれる人々は，自分の信じる使命に

沿って行動を起こし，社会を改革しようとして営利事業と非営利事業の間で活動を行っている。彼らの行動の基本には，地域住民，グローバル市民，その両方の利益の追求がある。活動はさまざまな境界を越えて，グローバルコミュニティにおいて展開していっている[3]。

15.2 貧困問題への取り組み

つぎに，グローバル社会の抱える課題について見ていく。現代のグローバル社会における深刻な問題の一つに**貧困問題**がある。

貧困問題を考えるにあたり，まず，貧困層について確認してみると，一日1.25ドル以下で生活する人々は，世界に14億人存在するといわれている。これは世界の全人口の23％にあたる。国民の80％以上がこの貧困ライン以下の国もある。リベリア（アフリカ），ガザ（中東），ハイチ（中央アメリカ），ジンバブエ（アフリカ）などである[4]。

貧困の原因について考えるとき，貧困者は自分たち自身でその状況をもたらしたと考える人たちがいる。彼ら貧困者の多くがやる気がなく，施しで生きていくことを望んでいるのではないかと考えている。しかし，貧困者のほとんどは，働けるのであればぜひそうしたいと望んでいるのである。

貧困者がそのような境遇に陥った原因が住む場所にあることは多い。特に以下の三つの地域では貧困に陥りやすい。一つ目は，内戦の行われている地域である。二つ目は，石油や鉱物のような天然資源の輸出に依存しているため，人材の開発や民主的な選挙制度の維持に不熱心な地域である。三つ目は，独裁的なリーダーのいる地域である。しかし，状況はそれぞれに異なり，それぞれの状況にふさわしい解決策が必要とされる。たった一つの解決策でうまくいくということはない[4],[5]。

援助に関しては，大規模にトップダウン型で行われる場合もあるが，それだけでは行き届かず，ボトムアップ型のアプローチも必須である。支援は，貧困者に自分自身で貧困から脱出するきっかけを与えることが望まれる。ゆえに，

政府，国際 NGO に加え，企業の関与も求められている。企業が実行するソーシャルマーケティングは，人々を貧困から脱出させ，かつ，元の状態に戻らないように継続した仕事をつくり出すことができる活動である[4]。

つぎに，貧困問題への取組みで著名なグラミン銀行と，日本の現状について見てみよう。

15.2.1 グラミン銀行

貧困問題の解決に向けた取組みとして最も著名なものの一つに，**ムハマド・ユヌス**（Muhammad Yunus）[6] が創設した**グラミン銀行**（Grameen Bank）[7] がある。グラミン銀行はバングラデシュにおいて，1983 年に創設された。バングラデシュは世界最貧国の一つであり，貧困ライン，すなわち，1 日 1.25 ドル以下で生活している人が非常に多い。ユヌスは，バングラデシュでは借金のために高利の利率に苦しみ，貧困から抜け出せない人が多くいることに気づき，貧困者のための銀行を設立した。そして，マイクロクレジットと呼ばれる貧困層向けの低金利の無担保少額融資をおもに農村部で行うこととした。この融資の借主は，ほとんどが女性であったことは特筆すべきである。それまで銀行は女性に貸付を行っていなかったが，ユヌスはバングラデシュの女性の可能性を信じて実施した。この狙いは成功し，返済率は非常に高いレベルとなっている。さらに，女性が経済力をつけた結果，生活が向上するという効果が上がった。このように，グラミン銀行はバングラデシュの人々に貧困から抜け出すチャンスを与え，自立を促した。ユヌスはこれにより，2006 年にノーベル平和賞を受賞している[8],[9]。

ユヌスはこの成功を契機に，さまざまな企業とともに分野を拡大して，ソーシャルビジネスを展開し始めた。ソーシャルビジネスとは，企業の持つ技術力や組織力，さらには営業力やマーケティング力，資金力などを何らかのミッションを達成するために活用していく活動である[10]（7 章参照）。

ユヌスは，ソーシャルビジネスを進めるため，世界の著名な企業とともに，合弁企業をいくつも設立している。最初の合弁企業は，2005 年にフランスの

乳業会社ダノン[11]と提携して設立したグラミン・ダノン社である。グラミン・ダノン社は栄養素を添加したヨーグルトを製造し，貧しい人にも手の届く価格で販売している。そのほかにも，米国の半導体大手インテル社とともにグラミン・インテル社を設立し，情報技術を活用して，農村部の貧困者の問題を解決することを目指している[4),9)]。

日本の企業としては，ファーストリテイリング社（ユニクロ）[12]が名乗りを挙げ，グラミン・ユニクロ社を設立して活動している。グラミン・ユニクロ社は，服の生産から販売まで現地で完結するしくみを構築して新しいビジネスを創出し，貧困からの脱却と人々の自立を促している。具体的には，理念に賛同した現地の工場で生産を行い，販売は農村部出身のグラミンレディが担当し，対面販売している。バングラデシュではＴシャツ１枚当りの市場価格は1.6ドル程度であるため，品質と価格が両立した商品を展開するため，主力商品の価格は１～２ドルに設定している。商品のラインナップには，現地の人々が日常的に着用するサリーなども加えている。ユニクロはこの事業をソーシャルビジネスと考えて進めてきたが，結果的に，ユニクロがこの事業を通じて大きなビジネスチャンスを得たことも見逃せない。たとえ貧しくとも，人口が１億人を超え，今後も成長が期待できるような大きな市場に対して，早く参入できたことは重要である[13]。

企業にとって，今後，貧困市場において，大きなビジネスチャンスがあることは確実と思われる。C.K. プラハラード（Coimbatore Krishnarao Prahalad）[14]は経済ピラミッドの底辺に位置する貧困層（Bottom of the Pyramid：**BOP**）こそ，今後急速に成長する魅力的な市場であると述べている。そして，企業はビジネスの対象として重視すべきと主張している。しかし，貧困層を消費者に変えるには，パッケージ単位が小さく，１単位当りの価格を低くするなどの工夫がかかせないため，先進国と同じようにビジネスを進めるわけにはいかない点には注意が必要である。

BOP市場の開拓は歓迎すべき傾向ではあるが，この展開に取り組む組織は，勝手な思い込みで行動してはならない。プラハラードのいうように，貧困者は

全員が違う背景を持ち，違う地域に生きているのであり，敬意を持ったきめ細かい対応がかかせない。また，キャンペーンだけになってしまわないよう，押しつけにならないよう，現地の市民との対話をしつつ推進する必要があるだろう[5]。

15.2.2 日本における貧困問題

つぎに，日本における貧困問題について見ていく。不況とはいえ，相対的には豊かな国である日本の貧困は，最貧国における貧困の深刻さに比べたら，切迫感はないという印象があるかもしれない[15]。しかし，湯浅誠[16]によれば，日本の貧困者が，国連が定める絶対的貧困である1日1ドルを超える収入があったとしても，それは貧困でないとはいえない。なぜなら，そこには生活上の望ましい状態を達成する自由が欠けているためである[15]。

日本における社会保障，セーフティネットは，雇用のネット，社会保険のネット，生活保護などの公的扶助のネットの3層構造になっている。しかし，増加する非正規労働者は社会保険に加入していない場合も多い。また，生活保護の基準以下で暮らす人のうち，生活保護を受けられている人の割合は15〜20％にとどまるとされている。日本社会は，うっかり足をすべらせたらどこにもひっかかることなく，最後まで滑り落ちてしまうすべり台社会になってしまったと湯浅誠はいう[15]。

すべり台の途中に歯止めをつくり，貧困に陥りそうな人を排除するのではなく，救い上げる必要がある。そのためには労働市場の規制，保険制度改革など政治的解決を必要とする作業も多いが，本質的には，これは市民が行うべきである[15]。

15.3　グローバル市民社会とインターネット

以上述べてきた貧困のような大きな問題は，国内の問題でもあり，グローバルな問題でもあり，その解決には当該の国のなかだけでなく，世界規模での市

民の行動を必要とする。つまり**グローバル市民社会**の参加が必要とされている。メアリー・カルドーによれば，グローバル市民社会とは，個々の市民が，直接的，能動的に，公共の安全，文明化された非暴力の社会を目的として，グローバルな公共圏で展開する社会のことである。このグローバル市民社会は，個人が，グローバルなレベルで交渉可能な組織やネットワーク，運動からなる。グローバル市民社会は，個人がグローバルな公的議論に参加し得るコミュニティであり，情報を発信し得るメディアであるともいえる。そして，現代社会の抱えるさまざまな問題について解決を目指す場をつくり出し，旧来の国別の政治や福祉を補完する役割を果たす[2]。

しかし，活動にあたっては，各国，各地域における文化や習慣，信念や価値観の違いに十分配慮しなければならない。コトラーによると，特定の社会に生きる人々は千差万別の文化や習慣を持っている。また，いくつもの中核信念や中核価値を有しており，それは持続する傾向があるからである[1]。

だがその一方で，現代においては，100年前よりははるかに人々の間に共通点が多い。例えば，都市部の中流家庭を見ると，世界の多くの地域で，共通する思考や習慣を見出すことができるだろう。それはまさにグローバル化の結果でもあり，また，インターネットというメディアの普及の結果でもある。そこでつぎに，インターネットがいかに世界の人々をつなげていくかについて見てみる。

インターネットは時間と空間の制限を取り払った。この環境では，情報格差や権力格差は小さくなると予想する人がいる。情報や資源へのアクセスが多くの人々に可能になったことで，権力者や上位者の情報に依存しなくてもよいということになりそうだが，現実はそうではない。ソーシャルキャピタルの研究者，ナン・リンによると，豊富な資源を持つものはインターネットでより多くの資源を蓄積し，協力関係を築き，豊かな資源を持つ他の主体を獲得・吸収し，自らをインターネットにおける重要なブリッジやとして確立することになったという。また，インターネットへのアクセスができるかどうかで，大きな差がつくようになってしまったという側面もある。容易にインターネットに

アクセス可能な，米国，ヨーロッパなどの市民と，アフリカなどアクセスが困難な地域の市民との間の格差を大きくしてきた。グローバルビレッジとしてのインターネットの社会的集団や社会的組織の形成と発展，集団の閉鎖性と開放性，メンバーシップはどのように承認されるのかなども重要な研究課題であるとナン・リンは述べている[17]。

15.4 民主化運動とインターネット

つぎに，市民による民主化運動の側面から，インターネットとグローバル市民社会について見ていこう。

情報通信総合研究所の佐藤仁によれば，2011年，ハワイで開かれたビジネスリーダー会議において，グーグル社の会長（当時），エリック・シュミット(Eric Emerson Schmidt)は，インターネットは市民にとって権力の乱用をチェックする新たな力であり，インターネットが普及することによって各国の政府は市民に誠実になっていくと発言した。また，民主化運動の活動家がフェイスブック，ツイッターを使ってデモの情報交換を行い，ユーチューブで情報発信したと述べた。市民に対する残虐行為があれば，加害者は隠れる場所はなくなっていく。シュミットはまた，インターネットが国際政治，政府・市民に与える影響により，以前の方法論は通用しなくなり，政府は市民のパワーと国家の本質の変化に応じて，非営利団体，民間企業などとの新たな連携の模索を行う必要に迫られると述べている[18]。

上述のエリック・シュミットの発言を実現するかのような出来事が，**アラブの春**と呼ばれる**民主化運動**である。

アラブの春とは，2010年から2011年に，中東・アラブ諸国において発生した民主化運動のことである。チュニジアでは，2010年に起こった**ジャスミン革命**によって独裁政権が倒された。この革命に端を発し，いくつかの国で民主化運動がまき起こった。その結果，エジプトやリビアにおいても独裁政権が崩壊している。この運動においては，インターネットとソーシャルメディアが広

く活用された。ツイッターやフェイスブックを通じて市民のリアルタイムな連絡が行われ，また，世界に向けて情報が発信されていった[19]。

アラブの春は一定の成果を収めたが，2012年時点においては，民主化の道は険しく，混乱から抜け出せないでいる国が多い。アラブの春の発端となったチュニジアでは2011年の選挙を経て新しい政権が誕生したが，民主化運動のきっかけとなった失業や貧富の格差は改善されず，混乱が続いており，安定した社会の形成への道は遠い[20]。

しかし，だからといって，インターネットを活用した民主化運動がむだであったとはいえない。時間のかかることは多いが，市民の力による前進が期待されている。

▼**本章のまとめ**▼

本章では，インターネットによって大きく発展しつつあるグローバル市民社会のコミュニティについて詳しく見てきた。なぜなら，グローバリゼーションは現代の世界における最大の特徴であるからである。しかし，いかにグローバリゼーションが進展しようとも，現実の世界では，貧困，独裁政権などの課題がなくなることはないことがわかった。こうした深刻な問題解決には，当該の国の市民はもちろん，世界規模での市民の行動を必要としていることも確認できた。つまり，グローバル市民社会の展開が必要とされている。その際，市民が中心になるとはいえ，インターネットや企業の果たす役割も大きい。貧困問題に対する企業の取組みやアラブの春の事例からは，地域を越えた市民の活動が生んだ成果について確認することができた。

演 習 問 題

〔15.1〕 グローバリゼーションについて説明しなさい。
〔15.2〕 グローバル市民社会について説明しなさい。
〔15.3〕 グローバル市民として解決しなければならない課題を挙げ，その具体的な解決法について提案しなさい。

15. グローバル市民社会とインターネット

注　釈

1) フィリップ・コトラー著，恩蔵直人監修，月谷真紀訳：コトラーのマーケティングマネジメント　ミレニアム版（第10版），ピアソンエデュケーション（2001）
2) メアリー・カルドー著，山本武彦ほか訳：グローバル市民社会論，法政大学出版局（2007）
3) 斉藤槙：社会起業家，岩波新書（2004）
4) フィリップ・コトラー：コトラー　ソーシャルマーケティング，丸善出版（2010）
5) C.K. プラハラード：ネクスト・マーケット，英治出版（2005）
6) 1940年 -。グラミン銀行創設者，経済学者。
7) グラミン銀行（http://www.gdrc.org/icm/grameen-info.htm）
8) Wikipedia「グラミン銀行」（http://ja.wikipedia.org/ グラミン銀行）
   AFPBBNEWS：ノーベル平和賞のユヌス氏，グラミン銀行総裁から解任（2011）（http://www.afpbb.com/article/economy/2788543/6905461）
9) ムハマド・ユヌス：ソーシャル・ビジネス革命，早川書房（2010）
10) 美根慶樹ほか：グローバル化・変革主体・NGO，新評論（2011）
11) ダノン（http://www.danone.co.jp/）
12) ファーストリテイリング社（http://www.fastretailing.com/jp/）
13) ニューズウイーク：グラミン・ユニクロに望むこと（2010）（http://www.newsweekjapan.jp/newsroom/2010/07/post-128.php）
   ファーストリテイリング：ユニクロソーシャルビジネスの舞台裏［前篇］〜「考える人」2010年秋号〜（http://www.uniqlo.com/jp/corp/pressrelease/2010/11/110118_mag1.html）
   ファーストリテイリング：服のチカラ，vol.08（2012）
14) 1941〜2010年。米国の経営学者。ミシガン大学教授。主著に『コア・コンピタンス経営』，『ネクスト・マーケット』など。
15) 湯浅誠：反貧困，岩波書店（2008）
16) 1969年 -。日本の社会運動家。自立生活サポートセンター・もやい事務局長，反貧困ネットワーク事務局長，内閣府参与などを歴任。
17) ナン・リン著，筒井淳也ほか訳：ソーシャル・キャピタル，ミネルヴァ書房（2008）
18) 情報通信総合研究所 InfoCom ニューズレター：佐藤仁「インターネットは政府を誠実にさせるか：国際社会におけるネットの役割を再考する」（2011）（http://www.icr.co.jp/newsletter/global_perspective/2011/Gpre201121.html）
19) 新語時事用語辞典「アラブの春」（http://www.weblio.jp/）
20) NHK 海外ネットワーク：アラブの春1年（2012）（http://www.nhk.or.jp/worldnet/tomorrow/2012/0204.html）

おわりに

　いつの時代においても，人は一人で生きることはできなかった。コミュニティは，人に，生存のための「場」，他の人とともに生きる「場」，コミュニケーションのための「場」，を与えるものである。ゆえに，人にとってコミュニティは本質的に重要であった。

　コミュニティの歴史は人類の歴史とともに長いが，その実現形や役割は時代とともに大きく変わってきた。特に，インターネットというメディアは，コミュニティから場所の制約を取り払い，グローバルな広がりをコミュニティに与えた。コミュニティのメンバーをつなぐメディア，すなわちコミュニティメディアとしてインターネットは大きな役割を果たすようになった。

　だが，現代のインターネット上のコミュニティだけを見ていても，コミュニティの本質はわからない。本質がわからなければ，21世紀にふさわしい新しいコミュニティを構想し，つくることはできない。そこで本書は，歴史をさかのぼり，さまざまなコミュニティとメディアについて吟味することから始めた。

　具体的には，本書ではコミュニティを，地域コミュニティ（第Ⅰ部），関心に基づくコミュニティ（第Ⅱ部），インターネットコミュニティ（第Ⅲ部）の三つにわけて考えてきた。

　第Ⅰ部では，都市コミュニティ，メディアとしての都市について扱った。地域コミュニティのなかでも，都市化の進む現在，都市の重要性が増しているからであった。まず，歴史をさかのぼり，地域コミュニティとしての都市がどのように発展してきたのか，古代ギリシアから眺めてみた。つぎに，市民とは，ソーシャルキャピタルとは何かについて見たあと，クリエイティブクラスがつくるクリエイティブシティについて吟味した。そして，地域コミュニティによる文化の形成と支援と，産業クラスターについて見た。最後に，地域メディア

おわりに

を活用したコミュニケーションについて確認した。第Ⅰ部を通じて，都市こそがメディアであることがわかった。

第Ⅱ部では，関心に基づくコミュニティとそのメディアについて論じた。さまざまな関心に基づき，人々はコミュニティを形成し，社会的な活動を繰り広げていた。そのなかから，非営利団体のコミュニティ，医療のコミュニティ，プロフェッショナルコミュニティ，企業における知識コミュニティを取り上げ，詳述した。

第Ⅲ部では，メディアとしてのインターネットと，インターネット上のコミュニティについて扱った。具体的にはソーシャルメディア，市民ジャーナリズム，インターネットコミュニティで行われる創作活動，オープンイノベーション，そして，インターネットとグローバル市民社会について詳しく見ていった。

しかし，これら三つのコミュニティ（都市コミュニティ，関心に基づくコミュニティ，インターネットコミュニティ）は，ばらばらに存在するのではなく，重なり合って展開していた。

以上の吟味をへて，21世紀に入り，インターネットによって人々が容易につながることが可能になり，コミュニティは世界的な広がりを持ち，価値創造の場となっていることが確認できた。また，さまざまな情報を発信する役割も果たしていることが確認できた。

本書を通じて，現代のコミュニティは，20世紀的な，国家や企業といった枠組みを越え，市民によりグローバルに展開していることがわかった。コミュニティは単に人々をつなげ，生きるための生産の場を提供するという以上の役割，すなわち，芸術，ビジネス，などのさまざまな領域における価値創造の場となっていた。また，現代のグローバル市民社会においては，インターネットを通じて市民が世界的につながりあい，発信し合い，世界のさまざまな課題を解決するための共同作業を行うコミュニティメディアが形成されていることもわかった。

では，このような時代において，私たち一人ひとりは，個人として，市民として，どのように社会に貢献し，生きていったらよいのだろうか。最後にその

ことについて考えたい。

　一つの方向性として，サーバントリーダーを目指すことを提案したい。前世紀においては，リーダーの従来のイメージはおそらく，メンバーを強力に引っぱっていくというものであった。

　しかし，コミュニティの時代において，市民として，世界的な課題に取り組み，メディアを使って発信するリーダーは，従来のイメージとは異なるリーダーとなるだろう。コミュニティメンバーとともに働くリーダーは，独裁的なリーダーではなく，メンバーを支え，奉仕するようなリーダー，すなわち，召使いでもありリーダーでもあるような「サーバントリーダー」になることが求められている。

　インターネットをはじめとしたメディアを最大限に活用するとともに，支援する相手や，他者に奉仕することで相手を導いていくリーダーのあり方が今後ますます重要になってくると考えている[1],[2]。

　はるか昔から，人間はコミュニティをつくってきた。われわれもその一員として，奉仕の心で，コミュニティを通じた社会貢献，創作活動，ビジネスに取り組んでいこう。

　最後に，本書執筆にあたり，ご指導下さった相磯秀夫先生，飯田仁先生，相川清明先生，コロナ社の方々に御礼申し上げます。大橋祐治様には貴重なご講演をいただき，原稿にもコメントをいただきました。感謝します。

　池田優様，齊藤貴史様からは原稿に対し貴重なアドバイスをいただきました。ありがとうございました。

　鈴木重徳様，また，母である進藤邦子には，本書を書くにあたり，大きな支援をいただきました。心から感謝します。

注　釈
1) ロバート・K. グリーンリーフ：サーバントリーダーシップ，英治出版（2008）
2) 金井壽宏，池田守男：サーバントリーダーシップ入門，かんき出版（2007）

参考文献

まえがき

1) 広井良典：コミュニティを問いなおす，筑摩書房（2009）
2) 広井良典ほか：コミュニティ，勁草書房（2010）
3) 吉原直樹：コミュニティ・スタディーズ，作品社（2011）

1章

1) 伊藤貞夫：古代ギリシアの歴史，講談社（2004）
2) 岩永真治：グローバリゼーション，市民権，都市，春風社（2008）
3) 植田和弘ほか：都市とは何か，岩波書店（2005）
4) 斎藤寛海ほか：イタリア都市社会史入門，昭和堂，2008
5) 佐伯啓思：市民とは誰か，PHP研究所（1997）
6) 森岡清志：都市の人間関係，放送大学教育振興会（2004）
7) ジーン・A・ブラッカー著，森田義之ほか訳：ルネサンス都市フィレンツェ，岩波書店（2011）
8) フリードリヒ・A・キットラー著，長谷川章訳：都市はメディアである，10＋1 No.13 特集＝メディア都市の地政学，INAX出版（1998）

2章

1) 稲葉陽二：ソーシャル・キャピタル入門，中公新書，中央公論新社（2011）
2) 植田和弘ほか：都市とは何か，岩波書店（2005）
3) 神野直彦，澤井安勇：ソーシャル・ガバナンス 新しい分権・市民社会の構図，東洋経済新報社（2004）
4) 倉沢進：コミュニティ論，放送大学教育振興会（2002）
5) 佐伯啓思：市民とは誰か，PHP研究所（1997）
6) 宮島喬：ヨーロッパ市民の誕生―開かれたシティズンシップへ，岩波書店（2004）
7) 吉原直樹：コミュニティ・スタディーズ，作品社（2011）
8) ナン・リン著，筒井淳也ほか訳：ソーシャル・キャピタル，ミネルヴァ書房（2008）
9) ロバート・D・パットナム著，柴内康文訳：孤独なボウリング，柏書房（2006）
10) リチャード・フロリダ著，井口典夫訳：クリエイティブ資本論，ダイヤモンド社（2008）

3章

1) 金井壽宏：企業者ネットワーキングの世界　MITとボストン近辺の企業者コミュニティの探求，白桃書房（1994）

2) マーク・グラノヴェッター著，大岡栄美訳：弱い紐帯の強さ，リーディングス　ネットワーク論，勁草書房（2006）
3) リチャード・フロリダ著，井口典夫訳：クリエイティブ・クラスの世紀，ダイヤモンド社（2007）
4) リチャード・フロリダ著,井口典夫訳:クリエイティブ資本論,ダイヤモンド社(2008)
5) リチャード・フロリダ著,井口典夫訳:クリエイティブ都市論,ダイヤモンド社(2009)

4章

1) 片山泰輔：アメリカの芸術文化政策，日本経済評論社（2006）
2) 斎藤寛海ほか：イタリア都市社会史入門，昭和堂（2008）
3) 佐々木雅幸：創造都市への展望，学芸出版社（2007）
4) 井上ひさし：ボローニャ紀行，文春文庫，文藝春秋（2010）
5) 吉見俊哉：大学とは何か，岩波新書，岩波書店（2011）
6) 佐藤郁哉：現代演劇のフィールドワーク　芸術生産の文化人類学，東京大学出版会（1999）
7) クサビエ・グレフ著，垣内恵美子訳：フランスの文化政策，水曜社（2007）
8) ジャン＝ピエール・パストリ著，竜見知音訳：ベジャール－再生への変貌，東京音楽社（1990）
9) リチャード・フロリダ著,井口典夫訳:クリエイティブ資本論,ダイヤモンド社(2008)

5章

1) 石倉洋子ほか：日本の産業クラスター戦略，有斐閣（2003）
2) 枝川公一：シリコン・ヴァレー物語，中公新書，中央公論新社（1999）
3) 梅田望夫：シリコンバレー精神，ちくま文庫，筑摩書房（2006）
4) 金井壽宏：企業者ネットワーキングの世界，白桃書房（1994）
5) 一橋大学イノベーション研究センター：イノベーション・マネジメント入門，日本経済新聞社（2001）
6) 二神恭一：産業クラスターの経営学，中央経済社（2008）
7) 渡部千賀：ヒューマン2.0，朝日新聞社（2006）
8) アナリー・サクセニアン著,山形浩生ほか訳：現代の二都物語,日経BP社(2009)
9) デービッド・パッカード著，伊豆原弓訳：HPウェイ，日本経済新聞社（2000）
10) マイケル・ポーター著，土岐伸ほか訳：国の競争優位，ダイヤモンド社（1992）

6章

1) 金山智子：コミュニティ・メディア，慶応大学出版会（2007）
2) 橋場義之，佐々木俊尚，藤代裕之：メディア・イノベーションの衝撃，日本評論社（2007）

3) 松野良一：市民メディア論，ナカニシヤ出版（2005）
4) 横山隆治ほか：次世代広告コミュニケーション，翔泳社（2007）

7章

1) 君島東彦：非武装のPKO，明石書店（2008）
2) 斉藤槙：社会起業家，岩波書店（2004）
3) 重田康博：NGO発展の軌跡，明石書店（2005）
4) 広井良典ほか：コミュニティ，勁草書房（2010）
5) 広井良典：創造的福祉社会，筑摩書房（2011）
6) 平田哲：NGO・NPOとは何か，中央経済社（2005）
7) 美根慶樹ほか：グローバル化・変革主体・NGO，新評論（2011）
8) 渡邊奈々：チェンジメーカー，日経BP社（2005）
9) メアリー・カルドー著，山本武彦ほか訳：グローバル市民社会論，法政大学出版局（2007）

8章

1) 池上直己：医療問題，日本経済新聞社（2010）
2) 伊藤元重：日本の医療は変えられる，東洋経済新報社（2009）
3) 近藤克則：健康格差社会を生き抜く，朝日新聞出版（2010）
4) 佐々木雅幸ほか：創造都市への展望，学芸出版社（2007）
5) 広井良典：創造的福祉社会，筑摩書房（2011）
6) 読売新聞医療情報部：数字で見るニッポンの医療，講談社現代新書，講談社（2008）
7) マイケル・E・ポーター著，山本雄士訳：医療戦略の本質，日経BP社（2009）
8) ナン・リン：ソーシャル・キャピタル，ミネルヴァ書房（2008）
9) ロバート・D・パットナム：孤独なボウリング，柏書房（2006）

9章

1) 赤林朗ほか：入門・医療倫理I，勁草書房（2005）
2) 石田三千雄ほか：科学技術と倫理，ナカニシヤ出版（2007）
3) 宇都宮芳明，熊野純彦：倫理学を学ぶ人のために，世界思想社（1994）
4) 金井壽宏：企業者ネットワーキングの世界 MITとボストン近辺の企業者コミュニティの探求，白桃書房（1994）
5) 斎藤寛海ほか：イタリア都市社会史入門，昭和堂（2008）
6) 藤本温ほか：技術者倫理の世界 第2版，森北出版（2009）
7) 細谷亮太：医師としてできることできなかったこと，講談社+α文庫，講談社（2003）
8) 山田礼子：プロフェッショナルスクール，玉川大学出版部（1998）
9) ジョセフ・ギースほか著，青島淑子訳：中世ヨーロッパの都市の生活，講談社（2006）

10) ジーン・レイヴ，エティエンヌ・ウエンガー著，佐伯ゆたか訳：状況に埋め込まれた学習　正統的周辺参加，産業図書（1993）
11) ジーン・A・ブラッカー著，森田義之ほか訳：ルネサンス都市フィレンツェ，岩波書店（2011）
12) P. F. ドラッカー著,上田惇生訳:プロフェッショナルの条件,ダイヤモンド社(2000)
13) リチャード・フロリダ著,井口典夫訳:クリエイティブ資本論,ダイヤモンド社(2008)

10 章

1) 一條和生：シャドーワーク，東洋経済新報社（2007）
2) 近藤光男：会社法の仕組み，日経文庫，日本経済新聞社（2006）
3) 野中郁次郎，竹内弘高：知識創造企業，東洋経済新報社（1996）
4) エティエンヌ・ウェンガーほか著，櫻井祐子訳：コミュニティ・オブ・プラクティス，翔泳社（2002）
5) ゲオルク・フォン クロー著，野中 郁次郎，一條 和生訳：ナレッジ・イネーブリング，東洋経済新報社（2001）
6) ジーン・レイヴ，エティエンヌ・ウェンガー著，佐伯ゆたか訳：状況に埋め込まれた学習　正統的周辺参加，産業図書（1993）

11 章

1) 日経デジタルマーケティング：ソーシャルネット・経済圏,日経 BP 社（2011）
2) 野崎耕司ほか：Twitter マーケティング，インプレスジャパン（2009）
3) トーマス・フリードマン：フラット化する世界，日本経済新聞社（2006）

12 章

1) 橋場義之，佐々木俊尚，藤代裕之：メディア・イノベーションの衝撃，日本評論社（2007）
2) ダン・ギルモア著，平和博訳：あなたがメディア！，朝日新聞出版（2011）
3) ダン・ギルモア著，平和博訳：ブログ 世界を変える個人メディア，朝日新聞社（2005）
4) マルセル・ローゼンバッハほか著，赤坂桃子ほか訳：全貌ウィキリークス，早川書房（2011）

13 章

1) 井田昌之，進藤美希：オープンソースがなぜビジネスになるのか，毎日コミュニケーションズ（2006）
2) 進藤美希：インターネットマーケティング，白桃書房（2009）
3) 東方敬信：神の国と経済倫理，教文館（2001）

4) アルビン・トフラー：第三の波, 中央公論新社 (1982)
5) ルイス・ガースナー著, 山岡洋一, 高遠裕子訳：巨像も踊る, 日本経済新聞社(2002)
6) ローレンス・レッシグ著, 山形浩生・柏木亮二訳：CODE, 翔泳社 (2001)

14章

1) 一橋大学イノベーション研究センター：イノベーション・マネジメント入門, 日本経済新聞社 (2001)
2) クレイトン・クリステンセン著, 玉田俊平太, 伊豆原弓訳：イノベーションのジレンマ, 翔泳社 (2001)
3) クレイトン・クリステンセンほか著, 櫻井祐子訳：イノベーションのDNA, 翔泳社 (2012)
4) シュンペーター著, 塩野谷祐一・中山伊知郎・東畑精一訳：経済発展の理論, 岩波文庫, 岩波書店 (1977)
5) ジョー・ティッドほか著, 後藤晃・鈴木潤監訳：イノベーションの経営学, NTT出版 (2004)
6) ヘンリー・チェスブロウ著, 大前恵一朗訳：オープンイノベーション, 産業能率大学出版部 (2004)
7) ヘンリー・チェスブロウ著, 栗原潔訳：オープンビジネスモデル, 翔泳社 (2007)

15章

1) 斉藤槙：社会起業家, 岩波新書, 岩波書店 (2004)
2) 美根慶樹ほか著：グローバル化・変革主体・NGO, 新評論 (2011)
3) 湯浅誠：反貧困, 岩波書店 (2008)
4) C. K. プラハラード：ネクスト・マーケット, 英治出版 (2005)
5) ナン・リン著, 筒井淳也ほか訳：ソーシャル・キャピタル, ミネルヴァ書房(2008)
6) フィリップ・コトラー：コトラー ソーシャルマーケティング, 丸善出版(2010)
7) フィリップ・コトラー著, 恩蔵直人監修, 月谷真紀訳：コトラーのマーケティングマネジメント ミレニアム版(第10版), ピアソンエデュケーション (2001)
8) ムハマド・ユヌス：ソーシャル・ビジネス革命, 早川書房 (2010)
9) メアリー・カルドー著, 山本武彦ほか訳：グローバル市民社会論, 法政大学出版局 (2007)

おわりに

1) 金井壽宏, 池田守男：サーバントリーダーシップ入門, かんき出版 (2007)
2) ロバート・K. グリーンリーフ：サーバントリーダーシップ, 英治出版 (2008)

索引

【あ行】

アウトリーチ活動	54
アゴラ	6
アソシエーション	vii
新しいメディアの生態系	143
アーツプラン21	45
アップルコンピュータ社	63
アテネ	6
アテネ憲章	16
アドボカシー型NGO	80
アニメーション産業	66
アバター	18
アパッチ	153
アメリカン・エキスプレス	89
アラブの春	176
アリストテレス	22
アルテ	114
アルビン・トフラー	146
アンドルー・グローブ	61
暗黙知	120
アンリ・デュナン	79
池上直己	93
イコールパートナー	81
一條和生	122
イノベーション	159
——のジレンマ	160
イノベータのDNA	162
医療崩壊	94
イルネリウス	39
インターネットコミュニティ	vi, ix, x, 179
インフォームドコンセント	95
ウィキリークス	140
ウィリアム・ショックレー	61
ウィリアム・フート・ホワイト	5
営利企業	120
エクリプス	155
エティエンヌ・ウェンガー	122
エベネザー・ハワード	15
エリック・シュミット	64, 176
エリック・レイモンド	149
オウンドメディア	130
大橋祐治	82
オープンイノベーション	164
オープンシステム	154
オープンソースソフトウェア	148, 152
オーマイニュース	136, 137
オ・ヨンホ	137
オンラインゲーム	18

【か行】

会社法	167
開発協力	81
皆保険制度	93
輝く都市	16
拡大都市圏	13
仮想都市	17
金井壽宏	36
金森穣	51
関心に基づくコミュニティ	ix, x, 179
キヴィタス	3
企業のグローバル化	127
記者クラブ	135
ギルド	113
緊急援助	81
グーグル	128
クチコミ	130
国のグローバル化	127
クラスター	58
グラスルーツメディア	136
クラッカー	152
グラミン銀行	172
クリエイティビティ・インデックス	32
クリエイティブクラス	31, 39
クリエイティブコモンズ	137
クリエイティブシティ	31
クリエイティブプロフェッショナル	34
クレイステネス	6
クレイトン・クリステンセン	160
クローズドイノベーション	162
クロスメディアマーケティング	130
グローバリゼーション	170
グローバルアパルトヘイト	84
グローバル資本主義	170
グローバル市民社会	175
軍事産業	61
形式知	120
芸術文化振興基金	45
継続学習	108
ケーブルテレビ	70
権原	150
権利の管理者	150
コア産業	58
公益法人	87
公企業	120
公共	23, 77
公共ホール	46
広告らしくない広告	132
高度職業人	111
国際社会	77
国際的なコミュニティ	86
国際平和旅団	83
国連	78
国連憲章第71条	78
コジモ・デ・メディチ	12
個人のグローバル化	127
古代ギリシア	6
ゴードン・ムーア	61
コフィ・アナン	85
コミュニティ	v, vi, 179
コミュニティFM	72
コミュニティ・オブ・プラクティス	122

索引

コミュニティソリューション 103
コミュニティメディア v, viii, 32, 39, 52, 179
コムーネ 8
コモン・グラウンド 87
コンソリ 9
コンパクトシティ 17, 102

【さ行】

債務削減キャンペーン 80
サステイナブルシティ 16
サードパーティメディア 130
サーバントリーダー 181
サービスクラス 34
参加型開発 81
産業革命 12, 15
産業クラスター 58
産業クラスター計画 65
ジェラール・モルティエ 49
塩谷直也 24
私企業 120
自己規制的共同体 116
持続可能なメディア 137
持続的イノベーション 160
シティ 3
シニョーリア 10
シニョーレ 9
渋沢栄一 15
市壁 9
市民 6, 22, 77
　　――のコミュニティ 77
市民ジャーナリズム 135
社会移動の機会 36
ジャスミン革命 176
シャドーワーク 122
ジャーナリズム 135
シャンティ・セーナ 82
ジュビリー2000 80
ジュリアン・アサンジ 140
情報都市 17
情報を疑う責任 140
職業倫理 111
ジョセフ・シュンペーター 159
ジョン・ロック 150
シリコンバレー 59
シリコンバレースタンダード 64

自律倫理 111
ジル・ロマン 50, 54
人的ネットワーク 36
スタンフォード大学 59
スティーブ・ウォズニアック 63
スティーブ・ジョブズ 63
スーパークリエイティブコア 34
すべり台社会 174
製品イノベーション 160
政府開発援助 80
セカンドオピニオン 95
セカンドライフ 17
赤十字運動 79
絶対的所有権 150
セーフティネット 174
セルゲイ・ブリン 63
ゼロックスパロアルト研究所 63
創造型政令市 51
ソーシャルアントレプレナー 170
ソーシャルキャピタル 25
ソーシャルニュースサイト 136, 140
ソーシャルネットワーキングサービス 128
ソーシャルビジネス 172
ソーシャルマーケティング 88
ソーシャルメディア 73, 127, 130
ソースコード 146
ソロン 6

【た行】

第三の波 146
ダウンサイジング 154
ダニエル・ピンク 110
タミルイーラム解放の虎 85
他律倫理 111
ダン・ギルモア 136
地域医療 100
地域コミュニティ viii, 39, 179
地域ソーシャルメディア 73
知識経営 120

知識社会 108
知識ビジョン 121
知識変換モード 121
知的クラスター創成事業 65
知的財産 150
町内会 23
著作権 151
ツイッター viii, 128
ディグ 140
デビッド・パッカード 60
デビッド・ヒューム 150
田園都市構想 15
統合開発環境 153
投稿サイト 136
同軸ケーブル 70
東方敬信 149
特定非営利活動促進法 78, 86
都市環境緑書 16
都市国家 6
都市コミュニティ 4
都市社会 5
トーマス・フリードマン 127
トリプルメディアマーケティング 130
トレードオフ 99

【な行】

ナレッジ・イネーブラー 122
ナレッジ・クルー 121
難視聴対策 70
ナン・リン 26, 175
新潟県中越地震 72
蜷川幸雄 46
日本における市民 23
農村社会 5
野田秀樹 46
野中郁次郎 120
ノーブレスオブリージ 107

【は行】

ハイアート 44
ハイパーテキスト型組織 121
破壊的イノベーション 160
破壊的イノベータ 162
ハッカー 152
パックスアメリカーナ 84
パトロネージュ 11

索引　189

パブリックアクセス
　チャンネル　71
バリー・ウェルマン　5
パリ・オペラ座　43
阪神淡路大震災　72
非営利企業　120
ピエール・ブルデュー　26
東日本大震災
　viii, 25, 72, 129, 139
ビジネスのコミュニティ　58
非暴力平和隊　82, 83
ヒューレット・パッカード社
　60
標準化団体　115
ヒラリー・クリントン　141
ビル・ヒューレット　60
広井良典　vi
貧困問題　171
ファルマバレー　103
フィリップ・コトラー　89, 174
フィレンツェ　10
フェイスブック
　viii, 18, 128, 141
フェルディナント・ポルシェ
　110
二神恭一　58
物的財産　150
フラット化した世界　127
プラトン・アカデミア　11
フランス革命　42
フランチャイズ　46
フリーアクセス　94, 99
フリーエージェント　110
フリーソフトウェア　146, 151
プロセスイノベーション　160
プロデューサシステム　40
プロパブリカ　136, 141
プロフェッショナル　107
プロフェッショナル
　アティテュード　112
プロプライエタリソフト
　ウェア　147
文化芸術振興基本法　45
文化の民主化　43
紛争予防　81
平均寿命　94
平和構築　81
ヘンリー・ジェイムズ　26

ヘンリー・チェスブロウ　164
ベン＆ジェリー社　88
補助金　52
細谷亮太　112
ポリス　6
ボローニャ大学　39

【ま行】

マイケル・ポーター　58, 99
マーク・グラノヴェッター
　35
マスメディア　70
マックス・ウェーバー　3
マハトマ・ガンディー　82
マルシリオ・フィチーノ　11
マルチン・ルーサー・
　キング牧師　82
ミドル・アップダウン・
　マネジメント　121
ミニコン　63
宮本亜門　46
民主化運動　176
ムーアの法則　62
ムハマド・ユヌス　172
メアリー・カルドー　170
メインフレーム　63
メガシティ　13
メディチ家　10
モーリス・ベジャール　48
モーリス・ユイスマン　49
モンゴメリー・バス・
　ボイコット事件　83

【や行】

湯浅誠　174
有線テレビジョン放送　70
ユーチューブ　64, 138
ユニオン　115
ユニックス　154
四つの自由　146, 147
弱い紐帯の強さ　35
四大都市文明　5

【ら行・わ行】

ライセンス　116
ラリー・ペイジ　63
リチャード・ストールマン
　146

リチャード・フロリダ
　27, 31
リーナス・トーバルズ　148
リナックス　148
臨床研修制度　94
ルイス・ガースナー　155
ルイス・マンフォード　3
ルイス・ワース　3
ル・コルビジェ　16
ルードラ　54
ルネサンス　9
レオナルド・ベネーヴォロ
　9
レジデントカンパニー
　44, 55
ローザンヌ　48
ロザンヌ・ハガティ　87
ロッキード社　61
ロバート・D・パットナム
　26
ロバート・E・パーク　4
ロバート・ノイス　61
ローマ帝国　8
ローレンス・レッシグ
　137, 150
ロレンツォ・デ・メディチ
　10
ワーキングクラス　34

【英語】

BOP　173
C.K. プラハラード　172
CNNiレポート　139
DEC社　63
FCC　71
GNU GPL　147
HPウェイ　60
IBM社　154
NGO　77
Noism　51, 53, 54
NPO　77, 86
P.F. ドラッカー　108
PARC　163
R.M. マッキーヴァー　vi
UNIVAC I　62
WHO　104
Witness for Peace　83

―― 著者略歴 ――

1988 年	東京女子大学文理学部英米文学科卒業
1988 年	日本電信電話株式会社勤務
1996 年	青山学院大学大学院国際政治経済学研究科修士課程修了
	（国際ビジネス専攻）
2005 年	青山学院大学大学院国際マネジメント研究科博士後期課程修了
	（国際マネジメント専攻）
	博士（経営管理）
2008 年	東京工科大学准教授
	現在に至る

コミュニティメディア
Community Media　　　　　　　　　　　　　　　　　　© Miki Shindo 2013

2013 年 5 月 2 日　初版第 1 刷発行　　　　　　　　　　　　　　★

検印省略	著　者	進　藤　美　希
	発行者	株式会社　コロナ社
	代表者	牛来真也
	印刷所	萩原印刷株式会社

112-0011　東京都文京区千石 4-46-10
発行所　株式会社　コロナ社
CORONA PUBLISHING CO., LTD.
Tokyo　Japan
振替 00140-8-14844・電話(03)3941-3131(代)
ホームページ　http://www.coronasha.co.jp

ISBN 978-4-339-02787-7　　（安達）　（製本：愛千製本所）
Printed in Japan

本書のコピー，スキャン，デジタル化等の無断複製・転載は著作権法上での例外を除き禁じられております。購入者以外の第三者による本書の電子データ化及び電子書籍化は，いかなる場合も認めておりません。

落丁・乱丁本はお取替えいたします